황성주 박사의 전인 치유

시편 23편

황성주 박사의 전인 치유

시편 23편

발견

프롤로그

 이곳은 3월 중순이지만 눈꽃이 날린다. 정말 특이한 일이다. 희고 빛나는 얼굴을 한 자작나무로 꽉 찬 이곳에서 겨울의 추억이 연장되고 있다.

 사실 나는 여러 차례 '디지털 시편 23편'의 개정판을 시도했었다. 그런데 결국 포기하고 연장 선상에서 언젠가 제2편을 내기로 했다. 그래서 초판을 그대로 다시 출간하되 일반인도 읽을 수 있는 '인간의 전인 치유론'을 '신앙 입문'이라는 차원에서 접근하면서 원본의 추억을 살려 보기로 했다. 그래서 최소한의 수정을 했다.

 30년만에 내린 콜로라도 폭설에 매료되어 시를 한 편 썼다. 이 시의 일부를 소개하면서 나의 모든 것 되시는 주님을 불러본다.

폭설은 멈춤 신호
내 멋대로 살던
모든 삶에 종지부를 찍고
어린 아가의 미소로
돌아가는 방향 전환이다

온유함으로
모든 발걸음을 묶고
겸허함으로
모든 생각을 사로잡아
성결로 초대하는

내 인생 끝에 받은
고귀한 초대장이다

겨우내
콜로라도에서
만져지는 설경

견딜 수 없는 기쁨의 촉감이고
천상의 삶의 편린이다

사랑하는 이에게
그냥 돌아가고 싶은
이유 없는 이유

채워도 채울 수 없는
열망의 깊이를
차곡 차곡
채우는 연습이다

그냥 은혜입니다
그냥 사랑입니다
그냥 기쁨입니다

2024년 3월 17일
콜로라도 산골 우드랜드 파크에서

들어가는 말

시편 23편 예찬론

나는 시편 23편을 통해 생애가 바뀐 사람이다. 한 구절 한 구절 묵상할 때마다 키가 자라는 것 같다. 평범한 사람들이 이 시편을 통해 영적인 거목으로 거듭난다. 읽으면 읽을수록 묵상하면 묵상할수록 그 내용과 의미를 되씹어 보면 볼수록 은혜를 받는다. 이 시편을 일년 동안 묵상해 보라. 단순한 감동이 아닌 변화의 역사를 체험할 것이다. 은혜가 흘러 넘치면 이웃 사람들이 변화되는 기적을 목도하게 된다. 나는 이 시편을 통해 생애가 바뀐 사람들과 더불어 살고 있다. 그리고 앞으로 바뀔 사람들을 위해 뛸 것이다. 죽을 때까지 이 걸음으로.

시편 23편은 예배 찬송이 아닌 생활 속의 노래, 삶 속의 고백이다. 주님을 향한 절대 신뢰의 표현이요 절대 확신의 외침이다. 거기에는 잔잔함, 고요함, 평화로움, 치열함, 험악함, 풍요로움, 따뜻함이 있다. 나는 시편 23편의 단순함이 좋다. 가는 곳마다 시편 23편의 메시지를 전한다. 시편 23편은 즉 전인 치유와 전인 행복의 복음이다. 그 메시지의 임상 효과에 스스로 놀랄 때가 있다. 그 메시지를 선포할 때마다 환하게 밝아지는 얼굴들… 나는 최소한 청중들의 얼굴에 빛이 생겨야 만족한다.

시편 23편은 이상한 책이다. 어두움에서 빛으로, 상처에 찌든 삶에서 행복으로, 속박에서 자유함으로… 놀라운 일이 생긴다. 그 치유의 능력, 자유함의 감격. 이 능력은 어디서 오는 것일까.

가장 멀리 울리는 북

나는 암 환자를 치료하는 의사다. 나만큼 암 환자의 고통과 애환을 깊이 이해하는 사람도 드물 것이다. 그래서 암 환자들은 나를 만나기를 절박하게 원한다. 그러나 환자들은 내 말보다 암에서 치유함을 받은 분들의 간증을 보다 더 좋아한다. 그분들의 말은 그들의 가슴과 머리와 삶 속에 그대로 박힌다. 그들의 체험이 같은 고통을 가진 분들을 치유하는 원동력인 셈이다.

시편 23편이 우리를 매료시키는 것은 다윗의 생애, 그 높은 산과 깊은 골짝을 적시며 녹아 내린 메시지이기 때문이다. 이는 이론이 아닌 100% 체험에서 나온 것이다. 처절한 삶의 현장에서 터져 나온 신앙 고백이다. 그래서 시편 23편은 치유의 시편이다.

이 메시지는 반드시 공유되어야 한다. 이 메시지가 혼자만의 체험으로 끝난다는 것은 죄악이다. 그래서 성령께서는 이 메시지가 우리에게 전달되도록 역사하셨다. 다윗의 인격과 삶을 통해 이 고백을 이끌어 내셨던 성령께서 이를 기록하도록, 성경으로 편집되도록, 우리에게 전달되도록 하셨을 뿐 아니라 다윗이 느꼈던 동일한 감동으로 우리에게 변화를 유발하신다.

이 시편은 어린아이가 읽어도 은혜가 되고 노인이 읽어도 감동이 된다. 똑같은 글인데 대학 시절 읽을 때와 중년에 접어든 지금 그 감동의 빛깔이 완연히 다르다. 이해의 폭과 깊이가 다른데 가슴이 설레는 것은 변함이 없다. 남녀노소, 동서고금을 막론하고 어떤 상황에서 누가 읽어도 감동을 받는다. 백일 잔치에도, 장례식에도 어울리고 결혼식에도 적절하며 군대 가는 아들과 시집 가는 딸에게도 위로가 된다. 이만큼 시편 23편은 가장 멀리 울리는 북이다. 모든 상황 속에 있는 사람이 다 감동을 받는 글이다.

그만큼 깊은 공감대를 형성하려면, 그만큼 영혼의 북소리가 크게 멀리 울리려면 속이 비어야 한다. 속이 비어야 맑고 깊고 큰소리가 난다. 그리고 긴장이 풀리면 소리가 죽는다. 팽팽한 긴장이 유지되어야 북소리가 크게 난다. 가죽의 상태가 그만큼 소리를 좌우한다. 깊은 공감대는 자기 부정에서 나온다. 그리고 정직과 겸손에서 나온다. 그리고 자신에 대한 끊임없는 채찍질, 중단 없는 혁신, 변화에의 추구에서 나온다. 사실 사명이라는 게 대단한 것이 아니다. 이런 글 하나 남기고 죽으면 그 사명을 다하는 것이다. 세계를 변화시키는 글 하나를 남기고 죽을 수 있다면 이는 욕심일까.

한 폭의 수채화

이 시편의 분위기는 단순함의 능력, 은은함의 권능, 그리고 고요함 속에 치열함이 담겨 있다. 읽어 가다 보면 선한 목자와 사랑받는 양과의 관계에서 어느덧 나그네와 환대하는 주인의 관계로 장면이 바뀐다. 시편 23편의 단순성은 순진함이 아닌 복잡성을 포괄하면서 그 중심을 뚫고 나온 단순성을 의미한다. 확고한 진리가 뒷받침된 단순성이다. 변화의 권능이 스며 있는 순수함이다. 사랑의 흔적이 알알이 박혀 있는 하얀 대리석이다. 복잡하지 않지만 그렇다고 무미건조함도 아니다. 달콤하고 부드럽고 계속 음미

할 만한 맛이 풍겨 나온다. 마치 무드 있는 밤에 연인들이 즐기는 포도주와 같은 향긋한 맛… 그 그윽함 속에 젖어들게 하는 마력을 지녔다.

이 시편은 다윗이 압살롬의 반란으로 쫓겨다니다가 예루살렘 귀환 시에 지은 것이라는 견해가 있다(J. R. Lundbom). 그렇다면 영적 무사안일에서 비롯된 간음과 살인… 아들의 근친상간, 자녀들간의 증오와 암논의 죽음, 마침내 압살롬의 반역으로 인해 광야로 내몰린… 그 광야에서 다윗 다움을 회복하고 겸손의 사람, 기도의 사람, 사랑의 거인으로 거듭나는 과정을 통해 빚어진 다윗의 외침이라 할 수 있다. 인생 최대의 위기를 극복하고 그 참혹함과 처절함을 맛본 다음 터져 나온 시편이다. 그래서 이 시편은 더욱 소중하고 가치 있는 고백이다. 처절한 고통과 절규와 비탄, 감사와 찬양과 감격이 어우러지면서 가난한 심령으로 부른 신앙 고백일 것이기 때문이다.

이 시 한편에 과거와 현재와 미래가 있고 빛과 어두움이 공존하고 있다. 푸른 초장, 잔잔한 물가, 사망의 음침한 골짜기가 한데 어우러져 씨줄과 날줄처럼 짜여진 불후의 명작이다. 강력한 대조와 아름다운 균형! 깊이를 헤아릴 수 없는 한 폭의 수채화를 연상케 한다. 그 치열함을 뚫고 나왔기에 그 고통이 너무 크기에 작은 고통쯤은 잠잠하게 삼켜버린다. 엄청난 상처의 흔적이 작은 상처쯤은 얼마든지 껴안아 버리는 것이다. 그래서 치유의 능력을 발한다.

차례

프롤로그　04

들어가는 말
시편 23편 예찬론　07

여호와는 나의 목자시니 17

내가 부족함이 없으리로다 39

그가 나를 푸른 초장에 누이시며 쉴 만한 물가로 인도하시는도다 65

내 영혼을 소생 시키시고 91

자기 이름을 위하여 의의 길로 인도하시는도다 123

내가 사망의 음침한 골짜기를 다닐지라도 해를 두려워하지 않을 것은 주께서 나와 함께 하심이라 155

주의 지팡이와 막대기가 나를 안위하시나이다 173

주께서 내 원수의 목전에서 내게 상을 베푸시고 191

기름으로 내 머리에 바르셨으니 내 잔이 넘치나이다 215

나의 평생에 선하심과 인자하심이 정녕 나를 따르리니 239

내가 여호와의 집에 영원히 거하리로다 263

"
여호와는 나의 목자시니
"

나는 주님이 좋다. 주님은 나의 모든 것의 모든 것이다. 그 이름을 부르는 순간, 그분을 바라보는 순간 모든 걱정과 스트레스가 사라진다. 내 아내는 필자를 '하나님'자 만 들리면 자다가 벌떡 일어나는 사람이라고 정의한다. 칭찬 같기도 하고 비웃음 같기도 하지만 어쨌든 기쁘기 한량없다. 대학 시절에 나의 별명은 4가지였다. '예수', '세상에서 가장 행복한 사나이' '평강의 왕' '황사또'. 마지막 별명은 고집이 세다고 해서 붙여진 것이고 나머지 3가지는 다 주님의 은혜로 얻은 별명이다. 비록 연약한 믿음이었지만 주님의 평강과 기쁨이 나의 삶을 지배했기에 가능한 별명이 아니었을까. 이토록 내게 주님은 좋은 분이었다. 그런데 문제는 내게 있었다.

나는 대학 시절 주님을 만났다. 청소년 시절이었다면 갈

등을 겪을 수도 있었겠지만 날카로운 이성의 시기였기에 만난 감격은 더욱 크고 경이로운 것이었다. 그리고 그 만남은 전인격적인 것이었으며 확고한 것이었다. 그 이후 외적으로 한번도 슬럼프를 겪지 않고 현재까지 달려 왔다. 적어도 사역과 비전의 측면에선 그렇다. 받은 은혜를 따지자면 말로 형용할 수 없으리라. 문제는 주님을 만난 뒤 생긴 내면의 갈등이었다. 배운 대로 되는 일이 별로 없었다. 기쁨과 감격은 오래 가지 않았다. 믿음과 성공은 함수 관계가 아니었다. 예수 믿는 것이 곧 자동적인 행복은 아니었다. 큐티(말씀 묵상)를 하는 날은 승리의 삶을 산다는 것도 거짓이었다. 심지어 금식 기도를 하고난 후에도 자기 연민과 방황은 없어지지 않았다. 신앙의 선배들의 위선이 보이기 시작했다. 신앙과 인격의 괴리, 신앙과 삶의 간격이 드러나기 시작한 것이다.

이러한 당혹감을 감추고 신앙생활을 오랫동안 해왔다. 그리고 사역자라는 이름으로 그 갈등을 무마시켜 왔다. 내면의 문제를 선교 지향, 사역 지향으로 돌리면서 꿋꿋하게 버텨 왔다. 주님을 만나고 난 후 처음 이십 년 동안 사회적으로 자리매김 하는 과정에서도 나름대로 주님 위해 산다고 생각하며 '세계 선교'라는 월드 비전에 몰입했었다. 그런데 정말 주님의 일을 하고 있다는 확신이 없었다. 어느 순간 내가 점점 어두워져 가고 종교인으로 전락하지 않나 하는 생각이 들 때가 있었다. 말로는 주님을 이야기하면서 인격의 에너지는 항상 자신을 향한다는 사실을 깨달았다. 사실 인격의 에너지는 자신의 약점이나 콤플렉스가 있는 쪽으로 흐르게 되어 있다. 즉 치유되지 않은 방향으로 자아의 중심이 쏠리는 것이다. 사역과 일도 주님이 아닌 나 중심이었다. 에너지가 끊임없이 병든 자아를 향하고 있었다. 내가 병들었다는 사실을 깨달은 것이 치유의 첫걸음이었다. 그렇다. 치유의 비결은 병든 자신을 인식하는 것이다.

자기 인식 과정

원주에 가면 토지문화관이 있다. 소설가이신 박경리 선생님께서 글쟁이들을 위해 지으신 곳이다. 시편 23편을 완성시켜야 하는 절박감에 나는 그곳을 찾았다. 기도원에 가면 기도가 잘되고 독서실에 가면 공부가 잘되듯 그곳은 글이 잘 써지는 곳이었다. 도착한 첫날 혹시나 해서 선생님을 뵐 수 있겠느냐고 사무실에 연락을 했더니 한참 후에 면담이 허락되었다. 오랫동안 칩거하고 계시는 분이라 만나시겠다는 연락이 반갑기 그지 없었다. 최근에는 아무도 잘 만나지 않는다는 이야기를 들어왔던 터라 더욱 반가웠다.

고풍스런 안방에서의 대화는 오랫동안 기억에 남을 정도로 화기애애하고 정이 넘쳤다. 건강에 대해 묻자 선생님은 자신이 15년 전에 수술 받은 암 환자임을 밝혔다. 당시

유방암이 상당히 진행된 상태에서 수술만 받고 항암 치료는 거절했다고 한다. 그런데도 지금까지 재발하지 않고 있는 것이 놀랍다고 하셨다. 의사들도 혹시 오진이 아니었을까 하며 신기해 한다는 것이다. 그런데 많은 암 환자를 치료해 본 나에게는 집히는 것이 있었다. 그래서 내가 정색을 하고 말씀드렸다. "그것은 오진이 아니고 완치된 것입니다. 선생님 같은 분은 암에 걸려도 다시 재발되지 않습니다" 그랬더니 놀라시며 그 이유를 물으셨다.

"암에 걸리면 일단 자유가 주어집니다. 상황이나 관계에 의해 어쩔 수 없이 끌려가던 삶에서 자기가 주도권을 찾게 됩니다. 그러면 암이 더 이상 자라지 않습니다. 더 중요한 것은 왜 암에 걸렸는가를 인식하게 되고, 과거를 재해석하게 되는 것입니다. 그 인과 관계를 파악하게 됩니다. 암에 걸릴 수 밖에 없었던 자신의 실체를 깨닫게 됩니다. 자기 인식 과정이 시작됩니다. 나무를 보던 눈이 숲을 보게 됩니다. 상황을 초월하여 포괄적인 시각에서 인생을 보게 됩니다. 그래서 암을 유발할 수밖에 없었던 과거의 상황으로 다시 돌아가지 않습니다. 암의 재발을 막으려면 과거의 삶에서 돌이키는 능력이 필요합니다. 암이 좋아하는 삶에서 암이 싫어하는 삶으로 전환되어야 합니다. 선생님처럼 통찰력과 결단력이 있는 분들은 암이 재발하지 않습니다."

변화는 치유 사역과 함께

나는 94년 의대 교수직을 사임하고 서울 서초동에 '사랑의클리닉'이라는 병원을 설립했다. 그리고 95년부터 바른 영성 내적 치유, 지적 치유, 대인 관계의 치유, 성경적 자기 관리 등을 주제로 전인 치유 학교를 시작했다. 치유 사역을 시작하면서부터 나에게 놀라운 일이 생겼다. 본격적으로 변화를 맛보기 시작한 것이다. 남을 치유하다 보니 '객관적인 치유의 과정'이 이해되기 시작했다. 변화의 메카니즘이 점차 명확해지기 시작했다. 그 과정이 나에게 먼저 적용되기 시작한 것이다. 그래서 내 강의를 통해 제일 먼저 치유된 사람은 나 자신이었다. 치유 사역을 열심히 할수록 내면세계의 치유가 가속화되기 시작했다.

치유 사역의 핵심은 자신을 먼저 오픈하는 것이다. 내

문제를 먼저 고백하고 나의 병든 영역을 드러내는 것이다. 즉 나의 한계를 인정하고 의사이신 주님께 나를 맡기는 것이다. 나의 한계를 인정할 때부터 성령의 역사가 내 인격 속에서, 사역 가운데서 체험되기 시작했다. 주님이 아니면 안 된다는 자각이 시작된 것이다. 오직 주님! 나의 병든 인격을 드러낼수록, 그리고 주님께 몰입할수록 치유와 회복과 변화가 일어난다. 내게 일어난 변화의 능력 만큼 남을 변화시킬 수 있다. 내게 체험된 부흥의 역사 만큼 다른 사람에게 부흥의 불길을 확산시킬 수 있다. "나를 떠나서는 너희가 아무 것도 할 수 없음이라." 주님을 향한 태도 변화가 전인격적인 변화를 유발한 것이다. 놀라운 일이 아닐 수 없다.

그리고 그때부터 좋은 동역자들이 생기기 시작했다. 사랑의봉사단, 사랑의클리닉, 건강마을, 호도애 성경학교, 전인 치유 학교, 부부 치유 학교 등 사역들이 확대되기 시작했다. 나 중심이 아닌 주님 중심의 사역… 그 견고한 토대가 마련되기 시작했다. '스스로 할 수 있다'는 생각으로 자만할 때는 동역이 불가능했다. 사역의 파트너가 생긴다는 것은 신나는 일이 아닐 수 없다. 나의 한계를 인정해야 파트너가 생기고 돕는 자들이 생긴다. 내가 치유되고 회복되면 약속이나 한 듯이 주변에 사람들이 몰려든다. 내가 행복해지면 다른 사람을 행복하게 하는 매력이 발산되는 모양이다. 결국 주님을 위한 드림팀이 구성된다.

아내의 이메일

그리고 치유된 나의 모습에 대한 최대의 찬사는 아내로부터 왔다. "당신 정말 변했어요. 사람이 그렇게 바뀔 수가…" 그리고 교회의 지체들로부터 왔다. 또한 병원, 봉사단, 전인 치유 학교, 이롬라이프 등 공동체 식구들이 나에게 변화가 있음을 직접, 간접으로 이야기하기 시작했다. 그들에게 조금씩 인정을 받기 시작한 것이다. 우리 동네 이웃 사람들로부터 주목받기 시작했다. 그리고 마침내 우리 아이들이 나의 변화를 감지하기 시작했다. 그토록 아빠에게 정신적인 거리감을 느끼던 의찬이가 아빠를 좋아하기 시작한 것이다. 어느 날 아내가 보낸 이메일엔 "가슴이 참으로 따뜻한 아빠가 되셨더군요. 의찬이를 행복하게 해줘서 고마워요."라고 쓰여 있었다. 애리도, 의현이도 스스럼없이 나를 대하는 것을 보면 내가 이제 사랑과 존경을 다 받는 아빠가 되어

가는 것이 느껴진다. 정말 놀라운 일이 아닐 수 없다. 변화의 기쁨, 치유의 감격은 당사자가 아니면 알 수 없다.

 다음은 매일 주고받는 아내와의 이메일 중 일부이다. "저는 고정적인 삶은 체질에 맞지를 않고 여기저기 다니는 나그네 기질이 맞는 것 같아요(당시 자녀 유학 문제로 임시 외국 거주). 그래서 당신을 만나게 해주신 모양이네. 따뜻한 당신의 기분 좋은 사랑의 표현 때문에도 이루 말할 수 없이 행복하고요." "와 신난다. 당신에게 칭찬을 다 받고 언제나 연인 같은 당신. 현명한 남편이 있다는 것에 감사드립니다. 당신의 지혜에 다시 한번 감탄하며…" "저녁 늦게나 한국에 도착을 하겠군요. 당신의 가슴 한 구석 옆에 저를 두고 따뜻하게 주무세요. 난 언제나 당신 곁에 있으니까. 세상에서 가장 다정하고 샤프한 내 남자에게." "아름다운 당신! 나는 늘 당신이 말씀을 전하기 위하여 강단에 설 때마다 아름답다고 느껴 왔어요." "생신 축하드려요. 자, 지그시 눈을 감고 내 마음의 꽃다발을 받으세요." "당신의 비전과 그 꿈에 동행하시는 하나님을 찬양합니다. 이러한 일을 추진하는 당신의 뜻이 너무 귀하다는 생각에 당신이 매우 자랑스럽게 느껴지네요."

이렇듯 연애 시절 보다 더 애틋한 사랑을 나누는 부부가 되었다. 나로 인한 아내의 행복, 그리고 동역의 기쁨… 정말 놀라운 일이다. 변화의 기적을 보여준 단면이다. 나는 여성지 레베카에서 보내온 설문 중 '가장 존경하는 여자는?'이라는 항목에 '아내 배미경'이라고 화답했다.

"아름다운 당신… 고맙고 감사하오. 특히 당신을 내게 주신 주님께… 당신은 주님의 걸작품이요… 이유를 묻지 말고 Made in Lord이므로 무조건… 이제는 당신의 단점까지도 점점 사랑하게 되는 것 같군. 우리 하나 되어 주님 오실 그 날까지 모델적인 온전한 부부로 살아 갑시다. 주님 일도 많이 하고 아이들도 세계적인 인물로 키우며 주님 앞에 섰을 때 부끄러움이 없는 우리로… 주신 달란트 100% 다 발휘하고… 나의 부족한 부분, 취약점에 더 이상 상처 받지 말고 사랑으로 감싸 주길 바라오." 이렇듯 아내에 대한 시각이 바뀐 것은 기적 중의 기적이다. 치유하시는 주님의 은혜에 의해서만 가능한 일이다.

1:1의 관계

'주님이 나의 목자'라는 말은 개인적 관계를 뜻한다. 이 관계는 체험적 관계, 인격적 관계, 1:1의 관계이어야 한다. 주님은 우리의 목자가 아니다. 주님은 나의 목자이시다. '나'를 통과하지 않는 '우리'란 있을 수 없다. 주님을 만나면 반드시 나를 만난다. 자아 정체성을 회복하게 된다. 온전한 자아 의식으로 충만해진다. 주님을 만나면 내가 없어지는 것이 아니다. 내가 더 선명해진다. 주님은 나의 개성, 인격적 특성, 특기, 재능, 취미, 호기심, 다양성, 창조성을 무시하는 것이 아니라 이 모든 것에 생동감을 부여하신다. 나의 병든 영역은 치유하시지만 개성과 아름다움은 드러나게 하신다. 주님은 나를 나 되게 한다.

주님과의 관계는 만남으로만 머무르지 않는다. 만남 이

후에는 반드시 자람이 있다. 이는 주님과의 관계가 정적인 관계가 아닌 역동적인 관계임을 뜻한다. 역동적인 관계는 반드시 자기 변화를 동반한다. 변화는 '생명 있음'의 증거이며 '자라남'의 표시이다. 성경 공부나 제자 훈련을 성장과 동일시하는 사람들이 있다. 성장은 반드시 변화를 동반한다. 변화가 일어나지 않으면 성장은 없는 것이다. 그리고 성장은 반드시 열매를 산출한다. 열매가 없으면 성장도 없는 것이다. 고로 살아 있는 관계는 '변화'와 '열매'로 증명된다. 최근 몇 년 전부터 나는 이 사실을 깨닫고 충격을 받았다. 그 동안 나는 "자란 것이 아니었구나" 하는 탄식이 절로 나왔다. 변화가 없으면 죽은 것이다. 열매가 없으면 병든 것이다. 이것의 존재 유무는 진리와 종교의 차이이며 진짜 신앙과 가짜 신앙과의 차이이기도 하다.

변화를 위해 기도하라

묵은 땅에서는 소출을 낼 수 없다. 죽은 나무에는 새봄의 향기가 없고 연두빛 잎사귀도 없다. 날마다 은혜 가운데 새로워지고 진리 가운데 변화되지 않는다면 이는 죽었든지 병들었든지 둘 중에 하나일 것이다. 변화가 나의 삶에서 포착되지 않는다면 이는 매우 심각한 상태임을 깨달아야 한다. 그렇다! 주님과의 관계는 반드시 변화를 유발한다. 그리고 인격적인 관계는 반드시 열매를 맺는다. 신앙 생활의 본질은 관계이다. 관계 속에서 꿈이 싹트고 사랑이 익어 가며 풍성한 결실을 맺는다. 물론 관계는 시간이 걸린다. 시간이 오래될수록 관계는 깊어지고 넓어지고 견고해진다. 뿌리가 깊을수록 거대한 나무가 된다. 기도, 성경 공부, 예배, 친교, 양육, 선교, 전도, 구제 등은 관계의 나무에 맺혀진 열매에 불과하다. '주님은 나의 목자'라는 고백의 뿌리에서 모든 아름다운 열매들이 소출된다. 특히 '변화'라는 열매가. 문제는 내가 진정으로 변화를 열망하는가'이다. 온 마음을 다해 변화를 원하는가. 그 열망에서 성령의 역사가 시작된다. 변화를 위해 기도하라. 온 마음으로 오직 주님을 바라보라. 그러면 주님은 기다렸다는 듯이 변화를 위한 작업을 가속화 시키신다. 신앙 생활이란 엄청난 기대감을 의미한다. 사랑은 비밀이다. 사랑하는 사람 외에는 이해할 수 없는 일이 많다. 주님과의 비밀스런 관계는 기대감으로 표출된다. 변화가 없다는 것은 주님께 대한 기대가 없다는 것이다. 그분의 초자연적인 능력에 대한 신뢰가 없다는 것이다. 영적 기근에 허덕이는 현대의 참상 중의 하나는 주님께 아무 것도 기대하지 않는다는 것이다. 기대가 없다는 것은 죽은 신앙이며 스스로 실천적 무신론자라는 증거이다. 변화를 위해 기도하라. 열렬하게 기도하라. 그리고 굉장한 기대와 부푼 가슴으로 하루하루를 시작하라

변화는 변화를 낳는다

주님과의 관계는 1:1이면서 때로는 1:2가 되기도 하고 1:3이 되기도 한다. 주님과의 관계 회복은 나 자신과의 관계 변화를 낳는다. 그리고 하나님의 자녀로서의 나 뿐아니라 남편으로서의 나까지 변화시킨다. 심지어는 아버지로서의 나에게까지 심오한 영향을 미친다. 주님과의 관계로 인해 내가 변화될 뿐 아니라 아내와의 관계, 자녀와의 관계도 치유되고 회복되는 역사가 일어나는 것이다. 즉 삼각관계, 사각관계일 수도 있다는 것이다. 주님과 나와 아내와의 관계, 주님과 나와 아내와 아들과의 관계… 주님과의 수직적인 관계는 이웃과의 수평적인 관계까지 포함되는 경우가 대부분이다. 즉 전인격적이고 포괄적 관계이다. 모든 관계를 통째로 품고 변화시키는 능력이 주님과의 관계에서 흘러나온다.

영적 건강은 반드시 인격적 건강의 열매를 맺는다. 주님을 만나면 사람이 바뀐다. 사람이 바뀌면 진리이고 사람이 안 바뀌면 종교이다. 기독교는 종교가 아니고 진리이다. 온전한 인격으로 변화되어 가는 역사가 일어나야 주님을 제대로 만난 것이다. 주님을 깊이 알아 가면 내가 변한다. 즉 주님 때문에 전인격적인 치유와 회복을 경험하게 되는 것이다. 이른바 건강의 연쇄 반응이다. 또한 인격적 건강의 열매는 대인 관계의 치유와 회복으로 나타난다.

즉 사회적 건강이라는 열매라고 할 수 있다. 내가 회복되고 온전해지면 저절로 대인 관계가 변한다. 내가 변화되고 진정한 자유를 누리면 행복해진다. 내가 행복해지면 다른 사람들이 덩달아 행복해지는 역사가 일어난다. 이른바 행복의 동심원이 점점 넓어지고 영적 영향력은 더욱 빛을 발하게 되는 것이다. 내가 행복해지는 것 그 자체가 영적 도전이요 다른 사람을 주께 인도하는 영적 흡입력이 된다.

내 아들 황의현

의현이는 내가 서울 의대 예방 의학교실에 근무할 때에 태어났다. 나는 아들보다 딸을 원했지만 아들이라는 소식에도 마냥 좋을 뿐이었다. 뿌리 깊은 남존여비 사상이 작동한 것일까. 집안의 항렬을 따라 의현이라고 지었다. 의로운 '의'에 어질 '현'자를 붙여 나름대로 최선을 다한 이름이었다. 그러나 어쩐지 섭섭해 성경에 있는 이름을 채택하여 요한, 영어로는 존(John)이라고 했다. 예수님께 가장 사랑받았던 인물, 사랑의 사도인 요한이 되라는 간절한 소망이 담긴 이름이다. 그런데 자라면서 관찰해보니 감성보다는 지성의 발달이 앞서는 아이였다. 심하게 말하면 냉소적인 면이 많은 아이였다. 누나, 동생과의 관계에서도 이기적인 면이 그대로 노출되곤 했다. 기대가 너무 컸던 탓인가. 솔직히 말해 실망이 컸다.

의현이가 초등학교 3학년 때 내가 책임자로 있던 사랑의봉사단 단원으로 필리핀을 가게 했다. 당시 봉사단에서는 한 선교사님이 운영하는 세부라는 섬의 고아원에 해마다 봉사팀을 보내고 있었다. 그런데 그 섬에서 보름 동안 땀을 흘리면서 봉사하던 경험이 그의 삶에 큰 흔적을 남겼다. 그 보람이 그를 성장시켰다. 그때 심었던 유실수가 자라 고아원 아이들의 재정적 자립에 큰 도움이 된 것이다. 결국 자기밖에 모르던 아이가 봉사하는 삶에 눈을 뜬 것이다. 시간만 나면 의현이는 "그 섬에 가고 싶다"고 했다. "땀을 흘리고 싶다"고 했다. 이때 처음으로 의현이에 대한 선입견이 흔들리기 시작했다. 의현이에 대한 진짜 희망이 싹튼 것이다.

초등학교 5학년 때는 방글라데시를 다녀왔다. 당시는 아내가 공부하러 영국에 가있던 시절이라 의현이도 영국에서 공부하고 있었다. 방글라데시를 다녀온 소감을 물었더니 덤덤하게 대답했다. 방글라데시 오지에 가서 이슬람학교 아이들과 놀아주고 왔다는 것이었다. 본래 말이 없는 아이라 그런가 보다 했다. 한참 후 영국에서 날아온 편지에 아내는 감격스럽게 의현이의 놀라운 변화에 대해 담담하게 묘사했다. 어머니가 인정해 주는 변화, 정말 놀라운 일이 아닐 수 없다. 나와 의현이의 관계에 있어서도 역시 주님은 주님이시다. 이 삼각관계의 비밀을 누가 알까.

"의현이가 달라졌어요. 이렇게 시작되는 서두 처음 보셨죠. 의현이가 이번 봉사단 활동은 지루했고 배운 것이 없다고 투덜댔는데 그게 아니랍니다. 방글라데시에서 지겹게 율동과 노래를 했다고 투덜댔는데… 그것도 현지 아이들 앞에서 말입니다. 그런데 이곳 영국에 와서 전에 그토록 싫어하던 어린애들과 함께 놀아주고 있어요. 방글라데시에서 배운 재미난 동작을 취하면서 말입니다. 다른 사람도 보고 놀라고 있어요. 더군다나 오늘은 진지하게 저녁 식탁 앞에서 '엄마 난 선교사가 될 텐데 사람들이 안 가는 오지 선교사가 될 거예요.'라고 공포했답니다. 그러면서 의찬이더러 '넌 인생의 목표가 뭐냐'고 묻더군요. 얼마나 기특하고 멋있든지 업어줬답니다."

"
내가 부족함이 없으리로다
"

부족함이 없다는 것은 구약 성경의 '샬롬'을 의미한다. 샬롬은 환경이 주는 평강이 아니라 관계 속에서 오는 평강이다. 소유에서 오는 평강이 아니라 존재 자체의 풍요로움에서 오는 평강이다. 환경을 초월하는 평강이다. 세상 사람과 전혀 다른 인식의 차이, 세계관의 차이에서 오는 평강이다. 생각이 바뀌는 기적, 패러다임의 변화에 의해 환경을 뛰어넘는 평강은 솟아난다. 이 샬롬을 소유한 자는 감정에 좌우되지 않고 사실에 의해 움직인다. 감정의 변화에 의해 실체가 흔들리지 않는다. 소유, 환경, 감정을 뛰어넘는 평강… 이는 주님에 대한 절대 신뢰, 절대 확신에서 나온다. 즉 주님과의 관계가 주는 평강… 최고의 만족은 인격적 친밀감에서 오는 것이다.

관계가 주는 평강

 병원을 개원하고 몇 달 뒤의 일이다. 무일푼인 상태에서 신용 융자와 시설 리스로 상당한 액수의 자금을 빌려 오직 믿음으로 개원을 했으니 지금 생각하면 무모한 일이 아닐 수 없다. 과도한 부채와 경영 미숙이 겹쳐 병원의 부도라는 위기 상황이 계속 되고 있었다. 빚은 누적되어 가고 환자는 없고 그 절박한 상황 속에서 기도가 안 나오는 것이 아닌가. 이러다가 몸도 마음도 다 무너질 판이었다. 그 상황에서 주님은 두 가지를 지속적으로 하도록 역사 하셨다. 하나는 운동이고 다른 하나는 예배였다. 하루에 20분씩 하는 수영과 근무 시작 전 1시간씩 드리는 찬양과 경배를 통해 영육 간의 건강을 지키신 것이었다. 상황을 초월한 주님의 평강을 실제적으로 체험한 것도 큰 소득이었다. 그 과정을 겪고 나서 키가 커버린 것같이 믿음이 자라고 세상에 대한 담대함이 생겼다.

당시엔 의사가 다섯인데다가 환자는 손을 꼽을 정도였으니 원장인 나는 별로 할 일이 없었다. 운동 후에 출근해서 직원들과 같이 예배드리고 조용히 대기실 소파에서 찬양을 듣다가 퇴근하는 것이 당시 나의 하루 일과였다. 부도를 극복하고 안정을 회복할 즈음 어느 직원이 문득 이런 이야기를 했다. "저는 당시 원장님의 모습을 보고 감동받았습니다. 어떻게 그런 절망적이고 괴로운 상황 속에서 그토록 평온한 모습으로 찬송가를 들으며 앉아 계시다가 퇴근할 수 있는지… 정말 놀랐습니다." 이것은 내 것이 아니었다. 주께서 내 안에 만들어 내신 평강이었다. 극한 상황에서 오직 주님만 바라보게 만드신 것이다.

그 사건을 통해 나는 주님과의 관계가 모든 상황을 극복한다는 사실을 절감했다. '범사에 감사하라'는 말씀의 가치를 받아들이게 되었다. 아버지가 계신데 생계 문제를 걱정하는 것은 도리가 아니다. 의,식,주 문제는 아버지 없는 자들이 염려하는 것이다. 불과 몇 달 후 주님은 생각지도 않은 방법으로 상황을 완전히 변화시켰다. 관계가 확실하면 모든 상황은 만족스럽게 바뀐다. 관계가 확실하면 상황을 보는 관점도 바뀐다. 상황이 바뀌든, 관점이 바뀌든, 둘 다 바뀌든 결과는 만족이요 기쁨이다. 혹시 상황이 안 바뀌면 내가 바뀌는 축복을 누리게 된다. 주님은 맛을 변화시키든 입맛을 변화시키든 '가장 맛있다'는 고백을 이끌어 내시는 분이시다. 최고의 만족을 주시는 분… 상황에 관계없이 '내가 부족함이 없으리로다'라는 반응을 끌어내시고야 마시는 주님.

이 만족감은 물질적, 신체적 차원을 포함한다. 그러나 거기에 머무르지 않고 정서적, 지적, 사회적 만족감으로 확대되어 나간다. 이 모든 만족감의 근원은 영적 풍요로움에 있다. 주님과의 관계에서 오는 풍요로움이 전인격과 전 삶의 영역에 확산되어 간다. 양떼의 복지는 전적으로 주인의 관리에 의존한다. 따뜻한 성품과 완전한 인격을 가진 주인에게 속한 종의 행복을 아는가. 나는 누구의 것인가. 내 것이 아닌 주님의 것이다. 종이라는 신분이 오히려 자유함을 준다. 그 신분이 안식을 준다. 모든 것이 100% 보장되어 있으므로 이제는 뛰기만 하면 된다. 나의 행복은 주인의 나를 향한 열정과 헌신에 달려 있다. 나의 행복을 위한 그분의 추진력을 신뢰하자. 그 주인을 바로 알고 나를 위탁할 때 "부족함이 없으리로다"라는 고백이 절로 나온다

모든 필요를 채우신다!

　우리 아이들은 셋이다. 외동딸인 애리는 끼가 있는 아이다. 그래서 그런지 두 아들에 비해 목표가 분명하고 열정이 있다. 한 번 정하면 모든 것을 쏟아 붓는다. 요구하는 것이 분명하다. 그래서 대하기가 편하다. 아들들은 무엇을 원하는지 불분명하다. 특별히 원하는 것도 없다. 열망이 없기에 무엇을 주어야 좋을지 곤란할 때가 많다. 선물을 주면서 오히려 고민을 하게 된다. 아이들을 보면서 시대의 변화를 절감하게 된다. 전에는 부족한 것 투성이었고 모자라는 것이 너무 많았다. 이제는 꿈이 없고 목표가 없으면 부족함을 느끼지 못하는 시대이다. 이제는 원대한 꿈과 높은 목표를 가져야 채움 받는 시대가 된 것이다. 네 입을 넓게 열라. 내가 채우리라.

주님은 필요가 많은 사람을 좋아 하신다. 기도의 식욕이 왕성한 사람은 건강한 사람이다. 영성의 부익부 빈익빈… 우리의 모든 필요를 채우신다. 부족함이 없다는 말은 정적인 말이 아니다. 역동적인 관계를 의미한다. 계속 부족하고 계속 채워 가는 과정을 의미한다. 가난한 심령을 계속 유지하는 것이 채움 받는 비결이다. 채움 받지 못하는 가장 큰 이유는 열망이 없기 때문이다, 내미는 손이 없는데 무엇으로 받겠는가. 축복을 담을 그릇이 없는데 어떻게 채우겠는가. 주님께 확실하게 요청하라. 부족함을 정확하게 표현하라. 열망이 클수록 응답의 감격은 크다. 많이 구하면 많이 받는다. 나의 열정은 주님의 열정을 유발시킨다.

문제는 필요와 욕구를 혼동하는 데 있다. 주님은 우리의 필요를 채우시는 분이지 욕구를 채우시는 분이 아니다. 아이들이 원하는 대로 다 해주는 부모가 어디 있겠는가. 훌륭한 부모, 분별력 있는 어버이는 자녀가 필요한 것을 채워 준다. 아무리 떼를 써도 필요치 않는 것, 오히려 인격과 신앙에 장애가 되는 것을 결코 허락지 않는다. 막내인 의찬이가 4살 때 이야기다. 그 아이는 새로운 장난감을 보면 가지지 않고는 배기지 못했다. 온종일 떼를 쓰고 장난감 가게에서 한 걸음도 물러서지 않았다. 그래서 그 고집에 탄복하여 장난감을 사주곤 했다. 그런데 놀라운 사실을 알게 됐다. 그토록 좋아하는 장난감을 3일이 지나면 거들떠보지도 않는 것이다. 결론은 그것이 정말로 필요한 것이 아니었다는 것이다. 정말로 원하는 것, 꼭 필요한 것을 주님은 주신다. 더욱이 놀라운 사실은 우리는 정말로 우리에게 무엇이 필요한지도 잘 모른다는 것이다. 필요에 대한 인식이 왜곡되어 있다는 것이 더 문제이다. 아예 우리의 필요까지 주께 맡기는 것이 지혜가 아닐까.

현대는 다양하고 복합적인 욕구(multi-need)의 시대이다. 그리고 인간은 결핍을 느끼는 존재이다. 인간의 욕구는 다양하고 그 폭과 깊이도 사람마다 각각 다르다. 그리고 시간이 갈수록 욕구의 단계는 점점 높아진다. 생존의 욕구에서 안정으로, 애정으로, 존경과 명예로, 자아 실현으로, 도덕적 자유로, 지적인 욕구로, 심미 의식으로… 더욱 놀라운 사실은 한 번 채워진 욕구는 더 이상 동기 부여가 될 수 없다는 것이다. 사람들의 욕구는 시시각각으로 변화되고 그 수준은 점점 높아 가기 때문이다. 끊임없이 분출되는 새로운 욕구… 그러다 보니 내가 정말 필요한 것이 무엇인지도 모르게 된다. 무엇이 필요이고 무엇이 욕구인지 구분하는 분별력을 상실한 것이다. 나도 나를 잘 모르는 세상이 온 것이다. 이 혼돈의 시대에 주님만이 나의 필요를 아시고 채우신다. 나의 필요를 깨닫게 하시고 기도하게 하시고 채우시는 주님을 찬양할 수밖에 없다.

주님은 나를 과대평가 하신다

개원을 앞두고 대학 교수직을 정리할 때의 일이다. 몇 군데 병원 자리를 물색하다가 마음에 드는 곳을 발견했다. 강남의 한 백화점에 집단 개원 형태로 된 30평 정도의 공간이 있음을 알고 사용 신청을 냈다. 처음 임대할 때 몇 십 대 일의 경쟁이 있었던 곳이다. 이미 소아과가 있었던 자리인데 워낙 환자가 적어 조용히 정리하려던 차에 내가 들어가게 된 것이다. 이를 위해 몇 달 전부터 준비하고 새로운 계획을 세워둔 상태인데 막상 입주 결재가 나질 않았다. 이는 아랫사람의 전결 사항이라 백화점 사장이 관여할 일이 아닌데도 이상하게 계속 결재를 미룬다는 것이었다.

결재를 미룬다는 것은 사실상 거부나 다름없다는 사실을 알고 큰 실망이 되었다. 몇 달 동안 들인 공이 이렇게 허망하게 무너질 줄이야. 중간 역할을 했던 그곳 원장님은 사장에게 압력을 넣을 수 있는 분을 지칭하면서 그분이 전화 한 통만 해주면 금방 해결될 거라고 귀띔을 해 주었다. 그런데 갑자기 마음이 평안해지면서 주님께 몇 달 동안 기도해 오지 않았던가. 주님이 허락지 않는 일이라면 사람에게 압력을 넣는다고 일이 될 것인가. 되더라도 그렇게까지 구차하게 매달리는 것은 명백한 불신앙의 자세가 아닌가. 분명 여기에는 다른 뜻이 있으리라는 확신이 들었다.

그래서 상당한 금전적 손해를 보았지만 그날로 그곳을 포기하고 개원을 준비하던 의사들을 보내 다른 장소를 물색하게 한 결과 서초동에 100평 규모의 병원을 시작할 수 있게 되었다. 이로써 사랑의클리닉 서초동 시대가 문을 연 것이다. 주님은 앞으로의 필요를 아시고 나의 상상을 뛰어넘는 큰 규모로 병원을 시작하게 하신 것이다. "깊도다 하나님의 지혜와 지식의 부요함이여 그의 판단은 측량치 못할 것이며 그의 길은 찾지 못할 것이로다(롬11:33)… 우리의 온갖 구하는 것이나 생각하는 것에 넘치도록 능히 하실 이에게…(엡3:20)" 주님은 우리를 과대평가 하신다. 우리의 좁은 지식을 초월하시는 주님을 찬양하자. 우리로 작은 야망을 포기하고 자신의 원대한 비전에 동참하게 하시는 주님을 찬양하자. 우리의 그릇을 넓히시고 채우시는 주님.

주님과의 관계를 가로막는 요인은 무지이다. 한 마디로 그분을 잘 모르기 때문에 생긴다. 무지에서 두려움이 생긴다. 무지 때문에 불필요한 에너지를 쏟고 그 결과에 의해 상처를 받는다. 대학 시절 주님을 위해 살기로 했지만 어쩐지 걸리는 것이 하나 있었다. 혹시 나를 아프리카 선교사로 보내지 않을까 하는 두려움이었다. 그런데 어느 날 성경을 읽다가 그 의문을 풀 수 있었다. 빌립보서 2:14말씀이었다. "너희 안에 행하시는 이는 하나님이시니 너희로 소원을 두고 행하게 하시나니" 이 말씀 앞에 두려움의 견고한 진은 여지없이 무너졌다. 그분은 먼저 소원을 두고 행하게 하신다. 그분은 질서의 하나님이시오 인격적인 하나님이시다. 인격적인 하나님이 절대로 못하시는 것은 바로 '우리 마음을 강탈하는 것'이다. 끝까지 우리에게 사랑으로 호소하실 뿐. 그분은 결코 강요하지 않으신다. 우리에게 강요하실 이유가 없으신 분이다. 관계에 있어서 가장 기본적인 것은 대상에 대한 깊은 이해이다. 우리의 모든 필요를 아시고 앞서 가시는 주님을 알아 가라. 주님을 아는 지식에서 자라 가라.

정상적인 방법으로 채워라

모든 욕구가 다 중요하지만 행복을 좌우하는 결정적인 요소는 '사랑과 인정'이다. 이 사랑과 인정에의 욕구 반대 개념으로 이야기 하자면 '버림받음'과 '굶주림'의 감정이다. 물론 여자는 사랑에 대한 필요(관계적 욕구)가 더 강하다. 반면 남자의 경우는 인정에 대한 욕구(성취적 욕구)가 강하다. 그래서 여자는 자기를 사랑하는 사람을 위해 목숨을 걸고 남자는 자기를 인정해 주는 사람을 위해 자신의 모든 것을 바친다. 남녀에 따라 미묘한 뉘앙스의 차이가 있긴 하나 둘 다 빠뜨릴 수 없는 영혼의 필수 비타민이다. 아이들도 사랑 받고 인정 받으면 기가 살아난다. 그들의 존재 가치가 확인되어 놀랍게 행복해지는 것이다.

사랑과 인정에 대한 열망은 영혼이라는 인격의 지성소

에 뚫려 있는 구멍이다. 이것은 항상 즉시 채워져야 한다. 이것이 채움 받지 못하면 인간은 왜곡됨과 소외 상태가 심화된다. 끊임 없는 불만족의 행진은 계속되어 간다. 이 문제가 본질적으로 해결되지 못하면 인간의 욕구는 자꾸 변하게 된다. 그래서 매일매일 새로운 것을 요구한다. 인간의 어떤 탁월한 해결책도 그 변화무쌍한 욕구를 다 채워줄 수 없다. 다른 어떤 것도 이 열망을 다스리지 못한다. 그 어떤 것도 시간이 지나면 더욱 갈증을 유발할 뿐이다. 변질된 것으로서가 아니라 정상적인 방식으로 채워져야 한다. 오직 주님만이 '부족함'을 채우시는 분이다.

나는 아내 미경에게 참 잘해주는 남편이라고 자부한다. 그래서 가끔 "나만큼 잘해 주는 남자 있으면 나오라고 해."라고 큰소리친다. 그러나 나의 노력이 아내의 내면적 욕구를 채워주진 못한다. 착각인지 몰라도 잘해 주면 잘해 줄수록 아내의 요구는 더 깊어지고 다양해질 수 있다. 그래서 나 자신에게, 또 아내에게 실망할 때가 많았다. 어떤 경우는 '항상 처음 만난 것처럼 경이로운 눈빛으로 자신을 바로 보아야 한다'고 요구한다. 그래서 내가 깨달은 것이 있다. 사람으로는 깊은 만족을 줄 수 없음을… 물론 최선을 다해 섬기는 것은 나의 의무지만 최종적인 만족은 깨달음에서 와야 한다. 주님만이 나의 전부라는. 그리고 어떤 것도 영원한 만족이 될 수 없음을. 우리의 필요를 채우시는 주님의 축복은 탁월하다는 것이다. 주님이 하시는 일은 확고부동하며 견고하다. 이 세상 무엇으로도 채울 수 없는 것을 주님은 채우시고 만족을 안겨 주신다. 주님이 주시는 만족감은 너무도 정확하고 탁월하다는 것이다.

이미 채워졌다!

　인식의 변화가 행복을 만들어 낸다. 행복을 원한다면 십자가를 바라보라. 먼저 십자가를 통해 나타난 하나님의 사랑을 인식하고 체험해야 한다. 오직 주님만이 '사랑과 인정'에 대한 목마름을 채울 수 있다. 인간 내면 깊숙이 있는 '버림받음'의 감정과 '굶주림'의 정서를 잠재울 수 있다. 주님이 나를 사랑하시고 인정하신다는 사실을 아는 자만이 영혼 깊숙이 있는 전인격적 필요가 채워진다. 놀라운 사실은 이 필요가 이미 채워졌다는 사실이다. 하나님께서 일방적으로 예수 그리스도의 십자가를 통해 그 필요를 단번에 영원히 채워 버린 것이다. 아! 이미 채워졌다! 현재도 채워지고 있고 앞으로 계속 채워질 것이다.

　이 부분에서 어두움의 세력이 우리를 혼란스럽게 한다. 이 필요가 채워지지 않았다고 계속 속삭이는 것이다. 그래서 계속해서 필요 아닌 필요를 만들어 낸다. 수없이 반복되는 사소한 사건들… 문제 속에 파묻혀서 질식하게 만든다. 문제는 문제를 낳는다. 실제와 감정을 혼돈하게 만든다. 이미 채워진 것은 '사실'이고 실제의 영역이다. 쓸데없는 필요를 만들어 내고 자기 중심적 욕구의 노예가 되도록 유도하는 것은 감정의 영역이다. 감정의 물결에 춤추는 것들을 "노" 하며 제동을 걸 수 있어야 한다. 우리는 절대 불변의 사실을 붙잡아야 한다. 주님은 우리의 필요를 채우신다. 모든 수단을 통해 우리를 감격시키시는 분은 주님이시다. 직접이든 간접이든 절대 주권자이신 그분만이 채우신다! 하나님의 형상대로 창조된 인간의 고귀함, 비록 망가지긴 했으나 그분의 형상이 남아 있는 인간의 필요는 하나님만이 채울 수 있다. 다른 방법으로 채울 수 있다고 믿는 순진함, 이런 순진함은 무지에서 비롯되는 것이다. 무지는 가장 큰 죄 중의 하나이다.

필요를 채우는 순서

주님이 우리의 필요를 채우시는 데에는 순서가 있다. 영적 필요를 위해 지적, 정서적 필요를 희생시키실 때가 있다. 정서적 필요를 위해 신체적, 사회적 필요를 포기시킬 때가 있다. 지적 필요를 위해 물질적 필요를 희생시키실 때가 있다. 그러나 그 순서의 공식이 바뀌질 때도 있다. 주님은 자유로운 분이시다. 물질적 필요를 채우심으로 신체적, 정서적, 영적 필요를 한꺼번에 해결하시는 경우가 있다. 지적 필요를 채움으로 정서적 필요를 채우시는 경우가 있다. 상대방을 깊이 이해하고 나면 사랑과 동정이 생기는 경우가 얼마나 허다한가. 주님이 우리를 사랑하시는 방법과 범위에는 제한이 있을 수 없다. 이 복잡한 인간의 필요를 채우시는 방정식을 다 이해할 필요가 있겠는가. 그냥 주님을 신뢰하는 것이 최고의 지혜이다. 내 머리에 의지하는 오류를 범하지 말자. 한참 일이 안 풀릴 때는 어느덧 내 머리를 굴리고 있는 내 자신을 발견한다. 고민하다가 머리가 아플 때는 최소한 주님의 뜻이 아닌 것이다. 그냥 통째로 주께 맡겨 버려라. 이 복잡한 필요의 방정식을 어찌 내 머리로 풀 수 있단 말인가.

한계의 모서리를 방황하지 말자. 인간의 한계선을 표류하는 돛단배가 되지 말자. 내가 할 수 있는 일은 안 하고 내가 할 수 없는 일에만 매달리는 비극을 아는가. 할 수 있는 일은 시시해서 못하고 할 수 없는 일은 능력이 없어서 못하는 일이 얼마나 많은가. 이른바 잘못된 불만족의 비극이다. 나의 의대생 시절 공부를 소홀히 한 대가를 후에 얼마나 비싸게 치렀는지 모른다. 소년답지 못한 시절, 학생답지 못한 시절, 청년답지 못한 시절의 회한이 내게 있음을 부인하지 않는다. 왜 그때 현실에 충실하며 실력을 키우지 못했던가. 내게 주어진 현재 속에서 꽃을 피우지 못하면서 냉소주의에 빠질 때가 얼마나 많은가. 할 수 있는 일에 전력을 다하자. 내 일에 프로 의식을 갖추자. 일단 일을 맡았으면, 내게 일이 주어졌으면 그 일에 미쳐야 한다. 광인이 되어야 그 일의 본질을 깨달을 수 있다. 그래야 감사가 나온다. 학생 시절 가장 행복했던 때는 밤늦게 도서관을 나올 때였다. 의사로서 가장 보람 있었던 때는 환자 한 사람을 붙들고 그 치료를 위해 한 시간 동안 씨름하던 때였다. 그 만족감이란 경험해보지 못한 사람은 모른다. 내가 할 수 있는 영역에서 꽃을 피우는 만족감을 누리자.

거대한 지하수가 흐른다

애리가 중3 때의 일이다. 한 번은 주일이었는데 울산에서 저녁 집회가 있었다. 그 교회 담임이신 정근두 목사님 댁에서 하루를 묵었는데 새벽 시간에 이상하게 기도가 하고 싶어졌다. 그래서 새벽기도회에 나가 복음 사역과 가족들을 위해 간절히 기도했다. 그런데 그날 아내로부터 날아온 소식은 외동딸인 애리가 가출했다는 것이었다. 애리는 중1 때 1년간 영국에 다녀온 이후 학교 적응이 안 되고 계속 곁길로 맴돌았다. 실망과 긴장의 연속이었고 우리 가정에 어두운 그림자였다. 가출 소식을 듣는 순간 더 큰 실망과 슬픔의 감정을 배제할 수 없었다. 그러나 간절히 주님께 기도하고 맡김으로 깊은 평강을 맛볼 수 있었다.

안타까운 상황임에는 틀림이 없었다. 그러나 시간이 갈수록 슬픔 속에 기대감이 싹터 오르는 것을 느꼈다. 절망적인 슬픔이 아닌 생산적인 슬픔으로 점점 변해 가는 것이었다. 애리에 대해서 선한 계획을 가지신 주님을 신뢰함으로 주님과 깊은 대화를 나눌 수 있었다. 그 대화 속엔 아버지로서의 연약함과 부족함, 상한 심령과 애통하는 마음이 들어 있었다. 또한 청소년 사역에 대한 간절한 열망이 싹터 올랐다. 왜곡되고 병든 청소년 문화! 거기에 대한 의로운 분노가 치밀어 오른 것이다. 많은 깨달음과 깊은 대화… 주님, 그리고 나 자신과의 피할 수 없는 정면 대결이 이루어진 셈이다. 결국 애리는 하루 동안 방황하다 다음 날 과외를 지도했던 선생님 집에서 연락을 해 왔다. 그 이후 거듭된 변화의 과정을 거쳐 지금은 미국 유학을 준비하고 있다. 앞으로 어떤 삶을 영위할지 자신할 순 없으나 현재는 만족한 상태에서 주어진 삶에 성실한 편이다. 정말 은혜가 아닐 수 없다.

'내게 부족함이 없으리로다'는 전인격적, 총체적 만족의 표현이다. 물론 표면적 만족보다는 내면적 만족이 중요하다. 그러나 상황에 따라서는 표면적 만족이 더 중요한 경우가 있다. 환경의 변화보다는 내면의 변화에 우선 순위를 두어야 한다. 환경의 변화는 내가 조절할 수 없으나 내면 세계는 조절이 가능하다. 내면적 영성의 뿌리가 견고하면 환경은 초월이 가능하다. 일시적으로 가뭄이 심해 땅이 목말라 하는 일이 있을 수 있으나 그 땅 밑에는 '거대한 지하수가 흐르고 있다'는 사실을 잊어서는 안 된다. 사하라 사막 곳곳에는 폭 200미터의 거대한 지하수 층이 흐르고 있다고 한다. 이 거대한 물줄기는 지표면의 상황에 좌우되지 않는다. 신앙생활 초창기에는 '절대 의존적 관계'라는 것이 부담스러웠다. 그러나 이제 갈수록 '오직 주님'의 신앙이 되어 가는 것 같다. 거대한 지하수의 넉넉함과 풍요로움, 이것이 상황을 초월한 관계에서 오는 평강이요 만족이다.

"
그가 나를 푸른 초장에 누이시며
쉴 만한 물가로 인도하시는도다
"

그분은 우리의 전인격을 소중하게 여기신다. 그분은 아무데나 눕게 하지 않으시고 심미적인 요소까지 섬세하게 배려하신다. 우리의 감성을 중시하신다. 푸른 초장에 누이신다. 그리고 쉴 만한 물가로 인도하신다. 10년 전 스위스에 처음 갔을 때의 일이다. 독일에서 출발하여 우리가 밤중에 도착한 곳은 '파니(pany)'라는 산골이었다. '에벤에셀'이라는 산장에 여장을 풀고 아침에 일어나 보니 온 세계가 다 푸르름으로 덮여 있는 것이 아닌가. 온 산에 덮여 있는 녹색 잔디와 푸른 하늘과 푸르름의 호수들…같이 갔던 장로님은 푸르름에 반해 울음을 터뜨렸다고 한다. 거기야말로 목가적 풍경의 진수를 맛볼 수 있는 시편 저편의 무대였다. 안식이란 신체적인 것만은 아니다. 오히려 영적, 정서적 측면이 우리에게 더욱 절실한 것인지 모른다.

휴식과 안식의 생산성

적절한 휴식은 생산성 향상의 지름길이다. 휴식의 의미를 아는 자들은 실패의 확률이 지극히 낮다. 자신을 몰아붙이는 사람 치고 행복한 사람이 드물다. 건강에 집착하는 사람 치고 건강한 사람을 찾아보기 어렵다. 급성장한 기업 치고 망하지 않는 기업이 있는가. 운동에 있어서도 마찬가지다. 운동을 매일 하는 것은 건강 관리에 있어서 최악의 방식이다. 운동선수가 가장 수명이 짧은 것은 이 때문이다. 적당히 하면 약이지만 과하면 독이 된다. 운동은 일주일에 3-5회 정도가 적합하다. 최소한 일주일에 하루를 쉬어야 운동 감각이 유지된다. 그래야 운동 효율이 높아지고 몸이 가벼워진다. 그렇지 않으면 관절이나 인대에 긴장이 쌓여 사고가 날 가능성이 높다.

설교나 강의를 하기 전 잠깐 쉬는 것이 좋은 결과를 내는 요령이다. 여기에 침묵의 영성, 휴식의 영성이 필요하다. 일단 쉬어야 재정리가 되고 정신적 긴장을 풀 수 있다. 꽉 채워진 의식 구조에서 영적 풍요로움을 누리기 어렵다. 말씀을 증거할 땐 일단 성령이 역사할 정서적 공간이 필요하다. 완벽하게 준비된 설교일수록 은혜스런 반응을 유발하지 못하는 것이 이 때문이다. 그래서 나는 설교 전에 기도하는 것과 쉬는 것의 비중을 동일하게 둔다. 5분 정도 잠시 누워 있다가 마음을 정리하고 긴장을 푸는 것이 좋은 메시지의 원동력이 된다.

안식의 조건은 인간의 한계를 철저히 인정하는 것이다. 한계를 인정할 때부터 인간은 관리를 시작한다. 제 마음대로 해도 일이 되어질 때는 관리하지 않는다. 그런 의미에서 관리를 하지 않고 방임하거나 주먹구구식으로 일을 처리하는 것은 창조 질서의 위반이다. 하나님은 우리에게 세상을 다스리고 정복하라는 문화 명령을 주셨는데 다스림의 대상 제1호는 자기 자신이다. 자기 관리를 안한 것은 중죄에 해당한다. 그것은 피조물로서의 한계를 인정하지 않는 '교만죄'이다. 자기 관리의 기본 원칙은 '사람이 무엇으로 심든지 그대로 거두리라'는 성경말씀이다. 관리하지 않고 기도만 하는 죄를 범치 말라. 심은 대로 거둔다. 건강의 씨앗을 심으면 건강을 거둔다. 질병의 씨앗을 뿌리면 질병을 거둔다. 관리하면서 기도하는 것이 주님을 인정하는 것이다. 주님은 자신을 관리할 줄 아는 자에게 세계를 맡기신다. 자기 관리는 철저하게 현실적이 될 때에만 가능하다. 현실을 정확하게 보는 통찰력이 있어야 안식을 누릴 수 있는 법이다.

마진의 방정식
(Margin = Power - Load)

스트레스 관리의 비결 중의 하나는 인격적 여유를 확보하는 길이다. 인격적 여유(마진)는 나의 능력에서 내게 부과된 짐을 뺀 것이다. 역량보다 짐이 많으면 반드시 무너지게 되어 있다. 마진을 확보하려면 짐을 줄이거나 파워를 높여야 한다. 저수지의 원리를 생각해 보라. 저수지의 역할은 물을 내보내는 것이다. 그런데 반드시 저수지는 자신을 채운 다음 물을 내보내게 되어 있다. 자신을 채우지 않고 계속 내보내면 결국 고갈 상태가 되고 존재 의의를 상실하게 된다. 인격적 영역에서도 마찬가지다. 마진을 확보하지 않으면 결국 탈진 상태에 빠지게 된다. 마진을 확보하라. 인격의 여백을 확보하라. 여유가 있는 사람은 서두르지 않는다. 마진을 충분히 확보한 사람은 웬만한 스트레스에는 끄떡도 하지 않는다. 여유 있는 사람은 지속성과 일관성을 유지할 수 있다. 그래서 주님은 여유를 확보한 만큼 중요한 일을 맡기신다.

재작년 여름의 일이다. 캐나다, 미국을 돌아 전인 치유 세미나를 개최하는 북미 순회 집회가 있었는데 아무리 생각해도 무리한 일정이었다. 10일 동안에 9군데(밴쿠버, 토론토, 보스턴, 뉴욕, 시카고, 시애틀, 샌프란시스코, 산호세, LA)에서 13번의 집회가 있었다. 그것도 매일 비행기로 이동하면서 강행군을 하도록 스케줄을 짠 것이다. 아무리 생각해도 부담이 되었다. 집회는 취소가 불가능하니 여유를 확보하려면 파워를 높여야 했다. 그래서 한 달동안 일주일에 2-3번씩 스포츠 센터에서 체력 단련을 했다. 주로 조깅과 수영, 헬스로 신체적 역량을 키웠다. 그랬더니 그 순회 집회를 거뜬이 마치고 미주 사랑의봉사단과 함께 멕시코 의료 봉사까지 힘차게 진행할 수 있었다. 정말 여유(Margin)는 일의 질적 특성을 좌우한다. 얼마나 많은 일을 했느냐가 아니라 얼마나 건강하게 일을 했느냐가 중요하다.

마진에는 4가지 영역이 있다. 신체적 마진(Physical

Margin)은 에너지를 여유 있게 관리하는 것이다. 신체적 활성도, 즉 스테미너가 항상 넘쳐야 한다. 그래야 신체적 에너지를 우선 순위가 높은 일에 집중적으로 배정할 수 있다. 즉 육체적으로 건강해야 맡은 일을 질적으로 탁월하게 해낼 수 있는 여유가 생기는 법이다. 나의 건강 수준보다 더 많은 사역의 짐을 지고 헉헉거리며 사역의 질을 떨어뜨리는 것은 명백한 죄이다. 이른바 톱날 관리를 잘해야 한다. 톱날이 무디어 진 채로 일을 계속하는 것은 고통스런 일이다. 효율은 떨어지는데 시간과 에너지가 더 많이 들어가고 스트레스는 더욱 높아진다. 이럴 때는 모든 일을 멈추고 톱날부터 갈아야 한다. 정말 영적 분별력과 결단력이 절실하게 필요한 시점이다.

정서적 마진(Emotional Margin)은 감동과 사랑을 많이 받아 충분한 감성적 능력을 유지하는 것이다. 신경질이 나고 상처를 잘 받는 이유는 정서적 여유가 없기 때문이다. 이른바 사랑을 받는 것보다 주는 것이 많을 때 생기는 정서적 탈진 상태(Emotional Burn-out)를 의미한다. 즉 주는 만큼 충분히 항상 받고 있어야 정서적 여유가 확보된다. 감동을 많이 받고 감사할 조건이 많을수록 풍요로운 감성을 유지할 수 있게 된다. 영적 지도자나 유명 인사들 가운데 도덕적으로 침몰하는 경우가 많은 이유는 받지 않고 주기만 하기 때문이다. 자신의 정서적 고갈 상태를 숨기고 영적 가면을 쓰기 때문에 값싼 정서적 유희의 유혹에 쉽게 넘어진다. 내게 정서적 여유가 있어야 질적으로 사랑하고 섬길 수 있고 나의 모든 역량을 아름답게 보존할 수 있다.

시간적 마진(Time Margin)은 시간의 우선 순위를 정해 시간 사용을 중요한 일에 집중하는 것이다. 즉 내가 쓸 수 있는 시간이 짜여진 스케줄보다 많아야 맑은 정신으로 여유 있게 일을 처리할 수 있다. 여기에는 성령의 인도하심과 결단이 필요하다. 우선 중요한 일을 먼저 결정한 다음 그 일에 전념하고 중간중간에 생기는 긴급한 일은 과감하게 위임하는 방법이다. 대개의 경우 급한 일은 중요한 일이 아니다. 중요한 일에 집중하는 것은 긴급한 일의 발생을 현저하게 줄일 수 있다. 왜냐하면 치료보다 예방에 집중하기 때문이다. 건강 증진과 질병 예방에 힘쓰면 질병

발생은 줄어들기 마련이다. 부수적인 일보다 본질적인 일에 전념하면 점점 시간의 여유가 생기게 된다. 더욱 중요한 사실은 꽉 짜여진 스케줄로 프로그래밍된 삶에서는 성령의 인도함을 받을 여유가 생기지 않는다는 것이다. 구체적으로 하루 일과를 주님과 의논하고 세밀한 인도함을 받을 여유가 반드시 필요한 법이다. 시간적으로 넉넉함이 있어야 창조적인 사역이 가능하게 된다. 비전을 점검하고 방향을 설정하려면 무엇보다 자유가 필요하다.

재정적 마진(Financial Margin)은 수입보다 지출을 줄이는 것이다. 불필요한 소비를 과감하게 없애야 한다. 그리고 사랑과 정성으로 대신할 수 있는 일을 돈으로 때우는 일이 얼마나 많은가. 돈에 의존하다 보면 창조성이 고갈되는 경우가 많다. 그래서 항상 적절한 재정의 여유를 확보해야 한다. 그래야 꼭 필요한 일에 재정을 집중하는 풍요로움을 누릴 수 있다. 돈으로 인한 스트레스의 대부분은 수입보다 지출이 많다는 것이다. 수입과는 관계없이 지출이 많은 사람이 가난한 사람이다. 재정적 여유가 없어지면 판단력이 흐려지고 삶의 우선 순위가 순간적으로 바뀌는 경우가 있다. 그래서 재정의 운영에 성령의 인도하심을 받는 일이 무엇보다 중요하다. 그리고 재정적 여유가 있어야 성령이 시키시는 일에 우선적으로 투자할 수 있다. 재정적 여유라는 든든함이 우리의 사역을 배가시키고 정신적 압박으로부터 우리를 해방시켜 준다. 재정적 여유를 위해 주님께 당당히 구하자.

지적 마진은 양질의 정보와 지식을 충분히 저장하여 적재적소에 활용할 수 있는 것을 말한다. 특히 책을 쓰고 강의를 하는 사람들에게 지적 여유는 필수적이다. 내가 알고 있는 지적 풍요로움에서 명강의가 나오고 명설교가 나온다. 위대한 저술가는 탁월한 독서가이다. '지도자는 독서가(Leader is Reader)'라는 말이 있다. 지도자가 되려면 지적 여유가 많아야 한다. 창조적인 작업을 하는 사람에게는 아이디어가 많아야 한다. 끊임없는 탐구 정신과 신선한 호기심이 창조성을 유발하는 것이다. 예술가에게 창조성의 여유는 필수적이다. 기업가나 정치가에겐 관계적인 여유가 많아야 한다. 네트워킹이 잘 되어 있으면 비정상적인 방법을 동원하지 않아도 큰 일을 이룰 수 있다. 선교사의 경우도 네트워킹이 잘 되어 있으면 여유 있게 사역할 수 있다. 선교사를 파송할 때는 건강한 인맥이 얼마나 형성되어 있느냐를 우선적으로 점검할 필요가 있다.

불균형 현상

자동화 시대, 디지털 시대, 벤처 시대에 돌입하면서 직업과 계층에 따라서 시간적, 재정적 여유가 많아지는 경우가 있다. 그래서 '편리'라는 것이 인간의 게으름과 나태함을 유발시킬 수 있다. 불건강한 여유가 인간의 타락을 부채질하는 경우가 있다. 꼭 필요한 사람에게는 여유가 없는 반면 불필요한 여유로 인해 권태 지옥을 경험하는 사람이 얼마나 많은가. 이른바 여유의 '불균형 현상'이다. 마진이라는 단어는 할 일 없는 사람에겐 해당되지 않는다. 그에겐 그저 쓰레기 시간일 뿐이다. 마진은 사명자의 것이요 비전을 향해 돌진하는 자에게 필요한 것이다. 즉 여유는 바빠서 시간을 낼 수 없는 자가 싸워서 쟁취해야 할 것이다. 즉 외적으로는 가장 바쁜 사람이 내면으로 누려야 할 그것이다. 현대적 삶의 속성상 총체적 마진을 확보하는 것은 건강한 인격을 유지하고 질적인 삶을 사는데 필수불가결의 요소이다.

　마진 없는 삶은 파괴적 결과를 낳는다. 과로사와 단순 과로는 대개 종이 한 장 차이인 경우가 많다. '이래서는 안 되는데… 좀 쉬어야 하는데…' 하다가 쓰러지는 경우가 많다. 그 순간 멈추면 산다. 그 순간 휴식을 취하면 회복이 된다. 과로사는 잠깐 쉬지 못해서 아주 쉬어 버리는 현상이다. 자기가 처해 있는 상황에 대한 인식이 중요하다. 자기 자신에 대한 바른 인식이 죽음을 막을 수 있다. 종이 한 장의 여유가 삶과 죽음을 가른다. 물론 똑같은 과로의 경우도 '스트레스 없는 과로'는 신바람 나는 일이고 '스트레스 있는 과로'는 그야말로 괴로움이며 진짜 과로이다.

누림의 신앙

 양은 쉽게 눕지 않는다고 한다. 즉 확실한 만족감이 있어야 눕는다. 안전 보장이 확보될 때에만 안식을 취하는 것이다. 양이 직면하는 두려움, 갈등과 싸움, 파리나 해충의 공격, 배고픔이 안식을 방해하는 것이다. 완전한 자유로움이 보장되어야 푸른 초장에 눕는 양… 인간에게 완전한 자유는 그리스도 안에서만 가능하다. 인간에게 확실한 안전 보장은 그리스도 안에서만 이루어진다. 우리에겐 외적인 환경보다 내면의 무질서에 의해 안식이 침식 당하는 경우가 많다. 완벽주의에 의해 안식과 누림이 파괴되는 경우가 얼마나 많은가. 내가 모든 것을 이루어야 한다는 강박관념… 쫓기는 삶… 자아의 쇠사슬에 의해 자기도 모르게 '불신앙의 늪'에 내던져 지고 만다. 누림 없는 삶의 비참함은 경험해본 사람만이 안다. 이 누림 없는 삶으로 인해 결국 주님과 전혀 관계 없는 '이름뿐인 신자' '실천적 무신론자'로 떨어지는 불행이 허다하다.

"쉬는 것도 주님의 일입니다…" 과로로 인한 병으로 일년 동안 안식년을 가질 수밖에 없었던 목사님이 동료 사역자들에게 권면했다는 말이다. 내가 혼자 다하면 주님이 할 일이 없어진다. 모든 일에는 주님이 마무리하고 많은 동역자들이 참여할 수 있는 공간이 있어야 한다. 휴식 스케줄을 먼저 잡아라. 그리고 마음껏 일에 몰두하라. 안전장치 없이 달리는 자동차는 위험하기 짝이 없다. 리더십의 본질은 잘 쉬는 것이다.

쉰다는 것은 죄악이 아니다. 우리의 연약함과 한계를 인정하는 것이 곧 '영성의 약화'를 의미하지는 않는다. 연약함의 영성을 아는가. 무력함의 영성을 아는가. 나는 대학 시절부터 몸이 약했다. 그래서 공격적 건강법이 아닌 방어적 건강학을 체험적으로 습득할 수 있었다. 약질이 장수한다. 당뇨병을 가진 분들이 오래 산다. 적절하게 식이요법과 운동을 실천하기 때문이다. 그래서 나는 토막잠, 낮잠을 개발했고 온냉 교대법을 활성화시켰다. 그래서 지금은 시간이 갈수록 건강해지는 것을 느낀다. 이처럼 연약함은 놀라운 변신을 한다. 인류 역사는 연약함을 통해 위대해진 사람들의 역사이다.

잘 생각해보면 연약함, 약점, 무력함, 불리한 환경도 안식이다. 그리고 그 안식에서 위대한 능력이 배양된다. 이 세상의 가장 위대한 일들은 가장 병약하고 연약한 사람들을 통해 이루어졌다. 미우라 아야꼬의 유명한 독백을 생각해보자. "아프지 않으면 드리지 못할 기도가 있다. 아프지 않으면 믿지 못할 기적이 있다. 아프지 않으면 접근하지 못할 성소가 있다. 아프지 않으면 뵙지 못할 성안이 있다. 아프지 않으면 나는 인간일 수조차 없다." 내가 치료하던 암 환자 중에 시간이 지날수록 암에 걸린 것을 감격해 하는 분들이 있다. "오 주님 감사합니다. 암에 안 걸렸더라면 이 은혜를 깨달았을까요." 암과 더불어 거룩해진 사람들과 더불어 하루를 산다.

안식의 궁극적 의미는 영적 건강이다. 최고의 마진은 영적 건강에서 산출된다. 주님 안에 거하면 어쩐지 힘(power)이 생기고 짐(load)이 줄어든다. 참 신기한 일이다. 주님을 깊이 알아야 진짜 안식을 누릴 수 있다. 주님과의 관계 속에서 주님이 가진 평강을 누리는 것이 안식의 본질이다. 어거스틴의 고백을 아는가. "오 주님 주님께서 주님을 위하여 우리를 지으셨으니 우리 영혼이 주님 안에서 안식을 찾을 때까지 우리에게 쉼이 없었나이다." 우리의 최종적 목적지는 주님의 품안이다. 영원한 안식은 현재 내가 누리는 안식의 연속선상에 있다. 주님은 우리를 안식으로 초대하신다. "수고하고 무거운 짐진 자들아 다 내게로 오라 내가 너희를 쉬게 하리라 나는 마음이 온유하고 겸손하니 나의 멍에를 메고 내게 배우라 그러면 너희 마음이 쉼을 얻으리니 이는 내 멍에는 쉽고 내 짐은 가벼움이라(마11:28-30)"

그가 인도하신다!

주님은 우리를 몰아붙이시는 폭군이 아니시다. 나는 '주님은 우리를 인도하시고 사탄은 우리를 몰아붙인다(God guides, but Satan rushes)'라는 격언을 좋아한다. 우리에게 적절한 휴식과 안식이 필요하다는 사실을 누구보다도 잘 아시는 주님. 그분이 우리를 인도하신다. 그분이 우리를 푸른 초장으로, 쉴 만한 물가로 인도하신다. 그분이 우리를 인도하심은 충동적이 아니라 오랫동안 디자인된 것이다. 목양에 필수불가결한 모든 요소 가운데로 인도하신다. 윤택하고 기름진 초장으로, 마음껏 마실 수 있는 맑은 물가로… 풍성한 꼴을 먹이는 것은 목장 관리의 핵심이다. 모든 목장은 양들을 위해 존재한다. 목자의 수고가 깃들인 최고의 양육 시스템이 예비되어 있다. 양떼가 배불리 먹고 만족해 하는 것을 보는 기쁨… 주님이 나를 향한 기쁨은 바로 이 목자의 기쁨이다. 다음은 주님의 인도하심에 대해 묵상하면서 적은 글이다.

"이번 주는 이사 문제로 초비상이다. 주거 문제는 편의성과 경제성 이외에 지역적 상징성이 있고 사역의 방향을 나타내는 화살표이기도 하다. 가정 사역의 우선 순위를 생각해 볼 때 가정을 견고하게 세우는 일은 다른 사역의 주춧돌인 셈이다. 이른바 하부 구조(infra-structure)를 잘 구축하는 것이다.

어쩌면 사소할 수도 있는 일에 중요한 의미를 부여하는 것도 피곤한 일이다. 그러나 되어지는 대로 살 수는 더욱 없다. 세밀한 인도함을 받자. 주님의 인도함을 받는 것은 일종의 종합 예술이다. 그것은 믿음의 전부이기도 하고 기도의 전부이기도 하다. 우선 주님에 대한 절대 신뢰가 깔려 있어야 한다. 내게 말씀하시는 주님을 신뢰할 뿐 아니라 방법까지도 신뢰해야 한다. 즉 내가 알아들을 수 있는 언어로 명확하게 말씀하신다는 것까지 신뢰하는 것이다.

주님의 음성이 명확하지 않으면 기다리는 수밖에 없다. 기다리되 주님과의 깊은 교제를 더욱 앙망해야 한다. 관계가 정상적이면 대화도 더욱 진실해진다. 바른 관계에서 의사 소통이 잘못될 리 없다. 기다림은 손해도 실패도 무능력도 아니다. 기다림은 능력이며 성숙이며 온전함에 이르는 고속도로이다. 사랑은 기다리는 것이다. 씨를 뿌려 놓고 싹이 나오기를 기다리듯 오직 기다림만이 최선의 정책이다. 모든 것을 정리정돈하시고 내가 출연할 무대를 만드는 작업을 주님이 손수 하신다. 그러니 기다리지 못할 이유가 어디에 있겠는가.

어쨌든 주님의 구체적인 인도함을 받는 일은 어려운 일도 쉬운 일도 아니다. 다만 창조적 긴장이 있을 뿐이다. 그리고 창조적 긴장은 은혜의 드러남에 필수적인 요소이며 아직 기도와 인내가 더 필요하다는 표시이다. 결국 기다림은 우리를 끈질기게 사랑하시는 주님이 우리에게 요구하시는 최소치인 셈이다.

상식이냐 인도함이냐

인도함을 받기 전에 중요한 것은 상식으로 결정할 문제인가, 구체적인 인도함을 받아야 할 문제인가를 분별하는 것이다. 대부분의 문제는 성령에 의해 계발된 지성에 의해 결정된다. 즉 99%의 문제는 경험과 상식, 즉 합리적인 상황 판단에 의해 결정된다고 해도 과언이 아니다. 자기 집을 가기 위해 몇 번 버스를 타야 되는지 계시해 달라고 기도하는 사람은 아무도 없을 것이다. 그것은 그냥 경험과 상식을 통해 자연스럽게 해결되는 문제이다. 그래서 문제의 성격에 따라 인도함이 필요한 것인지, 아니면 자연스럽게 상식으로 바로 결정할 수 있는 문제인지를 분별하기 위해 기도해야 한다. 주님이 분별력을 주실 것이다.

인도함을 받는 첫 번째 비결은 주님에 대한 정확한 지식을 갖는 것이다. 목자이신 그분의 성품을 알아야 하고 그분의 기호를 알아야 한다. 그분이 우리를 인도하시는 기본 원칙을 이해하지 못하면 인도함을 받을 수 없다. 성경은 성삼위 하나님에 대한 책이다. 그리고 인간과 역사에 대한 책이다. 하나님이 역사 속에서 인간과 관계를 맺는 것에 대한 기록이다. 즉 목자가 양과 관계를 맺는 방식에 대해 기록된 책이다. 양의 생존 방식에 대한 가장 정확한 기록이다. 양의 존재 양식에 대해 기록된 책이다. 그래서 말씀을 듣고 깨닫고 묵상하고 암송하며 실천하는 삶이 무엇보다 중요하다. 한 절 한 절도 중요하지만 말씀 전체의 맥을 알고 거기에서 원리를 찾아내는 것이 더욱 중요하다. 그래서 양은 목자에 대해 기록된 말씀을 체계적으로 공부하는 것을 사모해야 한다.

인도하심을 받는 두 번째 비결은 친밀한 관계를 유지하는 것이다. 그렇다. 관계가 깊어져야 음성이 들리기 시작한다. 나는 한때 주님의 음성을 듣는 것을 신비주의자로 알았다. 그런데 성경에 나와 있는 '주님이 우리를 인도하신다' '너의 길을 지도하신다' '너를 지목하여 훈계하리로다'는 말씀이 개념적이 아닌 실제적인 것임을 깨닫고 나서 패러다임이 바뀌기 시작했다. 더욱이 요한복음 강해를 하면서 '내 양은 내 음성을 들으며…'라는 부분에서 완전히 항복하고 말았다. 왜 주님의 음성을 못 듣는가. 내 생각과 계획으로 머릿속이 꽉 차 있기 때문이다. 인격적인 주님은 듣지 않으려는 태도를 보이는 사람에게 억지로 말씀하시지 않는다.

최소한 내가 듣겠다는 열망과 주님의 뜻을 확인하며 순종하겠다는 태도를 보여야 말씀하신다. 그리고 주변이 조용해야 한다. 내면의 평화가 유지되어야 한다. 일상적 삶의 궤도에서 벗어나라. 요란한 곳, 현란한 데서는 곤란하다. 눈을 즐겁게 하는 곳으로 가지 말고 소리가 들리는 데로 가야 한다. 주님의 음성을 들으려면 휴식과 침묵이 필요하다. 모든 것을 미리 다 알려고 하는 조급한 마음도 주님의 뜻을 듣는 데 방해가 된다. 주님은 방향과 관계와 과정에 관심이 많고 우리는 성취와 전략에 관심이 많다. 전략을 미리 짜지 말라. 그것은 그때그때 보여주신다. 오직 주님만을 신뢰하라. 주님께 순종할 마음을 가질 때만 우리는 자유인이 된다. 딴 마음을 먹으면 자신의 노예가 된다.

인도함을 확인하는 세 번째 비결은 성숙한 그리스도인들의 자문을 받는 것이다. 목자의 인도함을 잘 받는 선배 양들과 같이 목자의 음성을 확인하는 것이다. 목자에게 순종하겠다는 양들이라면 대개의 경우 그 음성이 일치할 수밖에 없다. 제3의 의견을 조작해서는 안 된다. 자신의 입장에 동의할 만한 미성숙한 그리스도인들을 찾아가서 의견을 구하는 일이 있어서는 안 된다. 나보다 더 성숙한 사람들을 찾아가라. 그리고 빠른 해답을 기대하지 말라. 같이 목자의 음성을 들어라. 같이 기도하면서 주님의 응답의 일치를 구하라. 같은 성령께서 같은 마음을 주실 것이다.

마지막으로 환경적인 인도하심을 구해야 한다. 아무리 앞의 세 가지가 다 일치해도 환경적인 인도가 없으면 기다리라는 신호이다. 끝까지 기도하면서 응답을 기다리라. 인내를 온전히 이루라. 앞서가지 말라. 물론 환경에 의해 끌려 가는 것은 바람직하지 않다. 경우에 따라서는 환경을 변화시켜야 할 때도 있다. 그러나 그때는 환경을 변화시킬 수 있는 능력을 아울러 주신다. 주님은 우리를 인도하신다. 확실히 인도하신다. 그 인도하시는 방법까지 절대적으로 신뢰하라. 마진을 충분히 확보하라. 주님의 뜻을 기다리는 여유와 자신감을 가져라. 성령보다 기도보다 앞서지 말라.

"
내 영혼을 소생 시키시고
"

양은 한 번 뒤집히면 스스로 일어날 줄 모르는 연약한 동물이다. 믿음의 용장들의 경우도 사실은 마찬가지다. 항상 승리의 삶을 살았던 것처럼 보이는 사람들도 '한 번 무너지면 스스로 일어날 수 없다'는 사실을 고백하고 있다. 믿음의 조상인 아브라함을 비롯하여 엘리야, 다윗, 베드로, 마틴 루터, 찰스 스펄젼에 이르기까지 '소생시키시는 은혜'가 아니였으면 어찌 하나님의 사람이라 불리울 수 있었겠는가.

성경에서 가장 감동적인 장면은 요한 복음 21장에 나온다. 목숨을 걸고 주님을 따르겠다던 베드로가 얼마 못 되어 주님을 3번씩이나 부인하는 비극이 생긴다. 이 뒤처리 과정이 바로 갈릴리 바닷가의 목자 위임식이다. 이 쓰라린 상처와 회한을 안고는 사역이 불가능하다는 사실을 아신 주님이 베드로를 싸매 주시는 장면이다. "네가 나를 사랑하느냐."라는 질문을 3번 하신다. 이 순간이 베드로에게는 일생 중 가장 곤혹스러웠던 순간이었으리라. 절대로 "예"라고 대답 할 수 없는 상황, 대답할 자격도 없는 베드로에게 사랑을 요구하신다. 결국 "예"라는 답변을 끌어내시고야 마시는 주님. 베드로 개인에 대한 섬세한 배려… 즉 내면의 세계를 치유하신다. 이를 통해 내면의 상처는 당사자인 주님과의 정면 대결에 의해서만이 치유될 수 있음을 보여 준다. 처절한 상처와 회한을 가지고는 목양의 사명을 감당할 수 없음을 아시는 주님. 내적 치유가 영적 사역에 우선한다. 우리를 치유하시고 회복시키시고 소생시키시는 주님… 우리를 날마다 정결케 하시고 새롭게 하시는 주님… 그분이 우리의 목자되신다!

기마라스의 추억

재작년 8월의 일이다. 병원 환경이 급변하고 내부적인 문제까지 겹쳐 사랑의클리닉이 존폐 위기에 몰린 적이 있었다. 숨막히는 상황에서 기도는 커녕 무력감에 싸여 소생이 불가능할 것 같은 생각이 들었다. 어딘가 훌쩍 떠나고 싶어 필리핀 일로일로에 있는 서태원 선교사님을 찾아갔다. 언젠가 기마라스 섬에 국제선교사관학교를 추진하자고 했던 기억이 있어 그 섬에서 며칠을 묵게 되었다. 기마라스는 일로일로 섬에서 배로 15분 거리에 있고 풍광이 아름답고 맹고나무가 많기로 유명한 섬이다. 첫날 저녁에 기도를 하는데 역시 숨이 막히면서 염려와 두려움을 이겨낼 수 없었다. 내면에서 먼저 무너짐을 느낄 수 있었다. 그때 주신 말씀이 빌립보서 4장 6절의 말씀이었다.

"아무 것도 염려하지 말고 오직 모든 일에 기도와 간구로 너희 구할 것을 감사함으로 하나님께 아뢰라 그리하면 모든 지각에 뛰어난 하나님의 평강이 그리스도 예수 안에서 너희 마음과 생각을 지키시리라." '아무 것도 염려하지 말라'는 말씀이 천둥소리처럼 내면에 들려지면서 염려들이 사라져 버린 것이다. 그 이후 기마라스 신학교에서 학생들과 새벽마다 드리는 새벽 기도에 참여하면서 초자연적인 사랑과 은혜를 체험할 수 있었다. 깊은 평강과 자신감을 가지고 귀국해서 모든 문제를 아름답게 매듭 지을 수 있었던 것은 바로 소생시키시는 주님의 은혜였다. 그 이후 국제선교사관학교의 건축은 순풍에 돛단배처럼 진행되어 갔고 지금은 그 섬에 아름다운 캠퍼스가 펼쳐져 있다. 그 학교는 내게 있어서 치유의 기념탑인 셈이다.

치유의 방정식

　주님이 우리를 치유하시는 영역이나 방법에는 제한이 있을 수 없다. 때로는 한꺼번에 강권적으로 하시기도 하지만 대부분의 경우는 점진적으로 치유하신다. 그리고 치유의 방법에는 제한이 없다. 신체적인 회복을 통해 영적 회복을 도모하시기도 하고 경제적인 회복을 먼저 이루어주시기도 하신다. 정서적인 치유가 우선될 때가 있고 지적으로 회복시켜 생각을 바꾼 다음 대인 관계의 회복을 시도하시는 경우도 있다. 자유자재로 역사하시고 우리의 전인격과 전 삶을 회복시키시는 주님. 결국 모든 상황과 문제를 통해 우리의 전인격을 온전케 하시는 주님. 이것은 체험한 자의 것이다. 신앙의 본질은 주님을 깊이 알아가는 것이다. 내가 주님을 아는 만큼 사랑하게 되어 있고 그 사랑을 100% 수용하게 되어 있다.

내가 체험한 전인 치유

전인 치유는 마술적 신앙이나 행복을 위한 심리적 테크닉이 아니다. 이는 관계의 뿌리에서 맺혀진 열매이다. 주님과의 관계에서 오는 풍성함이다. 물론 주님과의 관계를 확고히 하는 과정, 뿌리 내리는 과정은 고통스럽고 지독한 인내와 연단을 필요로 한다. 그러나 일단 뿌리 내리면 놀라운 회복의 열매는 물론 아름다움과 풍성함과 윤택함의 세계가 시시각각으로 펼쳐진다. 일시적인 열매가 아니라 점진적이고 총체적인 결실이 지속되는 것이다. 마치 무지개의 일곱 빛깔처럼 몸, 지성, 감정, 도덕성, 창조성, 사회성 등 모든 영역에서 소생시키시는 주님의 능력을 체험하게 된다.

몸의 회복

 주님을 알수록 점점 더 건강해 진다. 나쁜 습관(게으름, 불규칙적인 생활, 담배, 약물)을 멀리 하게 되고 자신이 소중한 것을 깨달아 자기 관리를 한다. 시간 낭비를 줄이고 자신의 컨디션을 최상의 상태로 유지하게 된다. 스트레스를 덜 받게 되고 받더라도 이길 능력이 생긴다. 신체적 건강의 중요성! 지금은 내가 건강 전도사로도 알려져 있지만 스스로 건강의 중요성을 깨닫는 데는 시간이 많이 걸렸다. 나는 의과대학 교수가 된 다음에도 오후 시간만 되면 맥이 빠지고 무기력 해졌다. 신앙 생활을 하고 난 뒤 한참 동안 내가 행복해야 한다는 사실에 대해 무지했기에 그 피곤을 그냥 감수하고 지냈다. 그런데 어느 순간 주님 주신 은혜로 점심 식사 후 잠깐 낮잠을 자는 것을 배운 다음 놀라운 컨디션의 회복을 경험하게 되었다. 단 5분이라도 낮잠을 자고 나면 오후 시간도 거뜬하게 버틸 수 있었다. 그 이후 온냉 교대법, 조깅, 수영, 생식 등으로 건강 관리를 잘하게 된 것이 얼마나 감사한 일인지.

지성의 회복

나는 주님을 만난 뒤 얼마나 똑똑해졌는지 모른다. 특히 라브리 운동에 참여하면서부터 지적 치유가 되기 시작했고 확고한 성경적 세계관을 가지게 되었다. 스위스 라브리 공동체에서 온 엘리스 포터의 '바른 영성'이라는 강의를 통해 지성을 포함한 총체적 영성, 전인격적 영성에 눈뜨게 되었다. 또한 세상에서 잘났다는 사람들이 얼마나 왜곡된 지성을 가지고 고통을 받는지 직시하게 되었다. 크리스천은 주님을 알수록 탁월한 지성인이 된다. 말씀을 깨달을수록 지혜로운 자가 되고 모든 영역에서 리더십을 발휘하게 된다. 모든 일에 분별력과 통찰력이 생긴다. 나는 이러한 과정을 '지적 치유'라고 부른다. 지적 치유는 바른 영성의 기초가 된다. 내게 전인 치유 강의 중 하나만 하라면 '지적 치유'를 하고 싶다. 사실은 내적 치유도 지적 치유가 동반

되지 않으면 의미가 없다.

　오늘날 크리스천들이 세상 속에서 '꽉 막힌 사람, 시대에 뒤떨어진 사람, 변화를 읽을 줄 모르는 사람, 대화가 안 통하는 사람, 종교적이고 딱딱한 사람'이라는 팻말을 달고 다니는 경우가 많다. 극소수이긴 하나 미신, 굿, 부적, 점, 음양오행, 풍수지리, 기, 사주팔자 등 허무맹랑한 것에 속고 있는 경우도 있으니 안타까운 일이다. 또한 기철학, 성담론, 프로이드 심리학, 각종 진화론적 사상, 자유주의 신학 사상, 마르크스 유물론 같은 이데올로기나 단편적 사상의 노예가 되어 있는 경우도 있다. 이러한 잡다한 사상들은 우리를 하나님의 형상으로부터 점점 멀어지게 만든다. 병든 지성의 한 단면을 보는 것 같아 안타깝다. 하나님의 사람은 모든 것을 판단한다. 주님 안에서 역사의 흐름과 시대정신을 꿰뚫어 본다. 모든 학문과 과학의 주인은 하나님이라는 것을 깨닫고 합리적인 사람, 똑바른 정신의 소유자가 된다. 주님을 알아갈수록 놀라운 사실은 주님이 우리를 지적으로 온전케 하신다는 사실이다 모든 영역에서 성경적 진리로 세상을 바라보는 영적 통찰력을 갖게 하신다.

감정의 치유

나는 주님을 만나고 정말로 행복한 사람이 되었다. 그러나 시간이 가면서 나의 어두운 인격은 여지없이 드러나고 말았다. 그리고 깊은 열등감과 불안 의식, 강박 관념… 거기에다 우울증까지… 이러한 왜곡된 감정, 상한 마음은 주님과의 관계는 물론 대인 관계에도 영향을 미쳤다. 더욱이 주님을 위한 일을 한다고 하면서도 깊은 평강을 누릴 수가 없었다. 왜 그런 일이 생겼을까. 그것은 바로 주님의 일과 나의 야망이 묘하게 결합되어 있어 '인격의 에너지가 항상 자신을 향한다'는 사실에 기인한 것이었다. 그 야망은 나의 상처와 결부되어 있었다. 이것을 성취하지 못하면 버림받는다는 '버림받음의 감정'이 일을 통해 나의 존재를 인정받겠다는 '굶주림의 감정'과 결합되어 있었다. 일을 몰아치는 인격의 에너지가 주님을 향하지 않고 오히려 나의 상처와 약점과 콤플렉스가 있는 쪽으로 흐른다는 것을 알게 된 것이다. 이 깨달음에서 본격적인 자기 치유가 시작되었다.

자신의 성취감이나 욕구 충족을 주님의 사역과 동일시하는 경우가 얼마나 많은가. 그러기에 치유되지 않는 영역이 있으면 주님 중심의 삶을 사는 것이 매우 어렵다. 나는 대학교수 시절 매년 30여명의 의대생들을 말씀으로 양육하며 나름대로 보람을 느끼고 있었다. 그러나 십여 년이 지난 오늘 그 열매를 보면 안타깝기 그지없다. 나의 성취의 열매이지 성령의 열매는 아니었다. 치유되지 않은 인격에서 성령의 열매를 지속적으로 맺는 것은 어려운 일이다. 내가 얼마나 치유 받아야 할 존재인가를 절감하면서 90년대 중반 전인 치유 학교가 개설되었다. 그리고 그 치유의 혜택은 강사인 내가 다 받았다.

전인 치유 학교에서 치유받은 수많은 사람들의 간증은 놀랍게 일치한다. 주님을 바로 알고 영적 건강을 회복할수록 마음의 상처, 한, 맺힌 것, 눌린 것으로부터 자유롭게 된다는 것이다. 그들에게 내적 치유와 회복의 역사가 일어난 것이다. "자기 비하, 자기 파괴, 열등감, 죄책감, 신경질, 조급증, 좌절감, 숨겨진 분노, 완벽주의로부터 점점 자유롭게 되고… 자신을 사랑하게 되고 소중히 여기게 되고… 점점 더 풍부한 인간성을 소유하고 누리게 되었다"는 치유의 고백들은 끝이 없다. 사람들은 행복에 대해 무지하다. 그리고 왜 자신이 내면적인 문제로 고통을 당하는지 진단하려 하지 않는다. 더 행복한 세계가 있음을 알지 못한다. 행복의 전문가가 되라. 주님만이 우리를 내면의 속박으로부터 자유롭게 하신다.

대인 관계의 회복

나의 변화의 열매는 바로 대인 관계에서 나타났다. 나는 대학 시절부터 보스 기질이 강했고 사람 욕심이 많았다. 전에는 사람을 만나면 이 사람이 나의 비전의 성취에 어떤 도움이 되는가를 계산하는 피곤한 사람이었다. '나와 너'의 관계가 아닌 '나와 그것'과의 관계가 대부분이었다.

나의 야망 성취를 위해 무의식적으로 상대방을 이용하는 양상이 아니었던가. 그래서 인격적인 관계 형성이 어려웠다. 그런데 내면의 치유가 진행되면서 진정한 이웃 사랑이 가능해졌다. 상대방을 사랑하고 섬길 수 있는 태도가 길러지게 된 것이다. 사랑이란 '그가 하나님의 사람이 되도록 돕는 것'이다. 사랑이란 '그에게 그리스도 안에서 영생을 얻게 하고 풍성한 삶을 누리도록 돕는 것'이다. 이러한 변화에 맞추어 좋은 동역자들이 생기기 시작했다. 정말 놀라운 일이다.

주님을 알면 건강한 자아상으로 회복된다. 건강한 자아상이 되면 대인 관계에 자신감이 생긴다. 그리고 자신의 필요보다 상대방의 필요에 관심을 갖게 되어 좋은 인간 관계를 형성하게 된다. 사랑을 받기보다는 주는 기쁨을 알고 누리게 된다. 부부 관계가 변화되며 자녀들을 더욱 사랑하게 된다. 가정이 회복되고 직장과 교회와 지역 사회에 좋은 영향을 미치는 사랑의 거인으로 아름다운 삶을 살게 된다. 나는 주님과의 관계 회복 이후 '모든 사람들을 행복하게 해주는 사람'으로 변화된 많은 증인들과 더불어 교회 생활을 하고 있다.

창조성의 회복

나는 주님을 만난 뒤 아이디어 뱅크로 불리게 되었다. 주님의 은혜 안에서 얼마나 많은 아이디어가 샘솟는지… '사랑의봉사단' '사랑의클리닉'의 개념이나 명칭, 운영 전략, 로고도 전부 주님 주신 아이디어로 탄생한 것이다. 지금도 얼마나 많은 아이디어를 주시는지… 주님을 알면 창조적인 삶을 살게 된다. 주님이 주시는 아름다운 꿈과 비전을 소유하게 된다. 단조로움에서 벗어나 다양성을 즐기게 된다. 예술성이 회복되고 아이디어가 많아지며 생동감이 넘치는 삶을 살게 된다. 한 번 한 실수를 반복하지 않게 되고 문제 해결 능력이 생긴다. 불의와 부정에 동참하지 않고 창조적인 아이디어로 어려움을 극복하게 된다.

정말 주님이 베푸시는 회복의 영역에는 제한이 없다. 변화는 삶의 전 영역에 속속들이 일어났다. 직장 생활, 언어 생활, 경제 생활, 취미 생활 등… 삶의 가장 중요한 영역에서 치유의 역사가 일어난 것이다. 정확하게 말하면 계속적인 변화가 모든 영역에서 무차별로 나타나는 것이다. 마치 포도나무에 포도가 송이송이 주렁주렁 맺히듯… 정말 감당할 수 없는 주님의 은혜가 아닐 수 없다. 변화와 치유와 회복… 주님이 만들어 가시는 초자연적인 치유의 역사에는 끝이 없다. 그리고 그 영역은 끝없이 확장되어 간다.

치유의 상승 작용과 연쇄 반응

 전인 치유는 누구에게나 필요하다. 그리고 서로 상승 작용을 한다. 몸이 건강하면 정서적으로도 안정된다. 정서적 건강은 지적 건강의 토대이다. 아이들도 안정감과 행복감이 있으면 공부를 잘한다. 지적 건강은 창조성의 회복에 영향을 미친다. 그리고 정서적 건강은 사회적 건강으로 자연스럽게 연결된다. 또한 정서적 건강은 신체적 건강과 밀접한 관계가 있다. 그래서 내적 치유는 중요하다. 즉 감정의 치유가 대인 관계의 회복의 열쇠이자 전인 치유로 들어 가는 문이다. 그리고 치유가 내게 일어나면 저절로 전염되게 되어 있다. 치유의 과정을 이해하고 나면 그것을 전하지 않고는 견딜 수 없는 열정이 생긴다. 내게 행복이 넘쳐나면 반드시 행복을 전염시키게 마련이다. 그래서 상처 받은 경험이 있는 사람이 치유자가 될 가능성이 높은 것이다.

지난 6월에 있었던 밴쿠버 코스타는 내게 새로운 가능성을 제시한 집회였다. 주로 목사님, 사모님, 평신도 사역자를 대상으로 전인 치유 세미나를 했던 나로서는 청년 대학생들에게 강의한다는 것이 새로운 도전이었다. 특히 포커스를 내적 치유에만 맞추어 집중적으로 강의를 했기에 그 반응에 신경이 쓰였다. 결과는 놀라웠다. 그들에겐 3-4시간의 강의로 내면 세계를 치유하는데 충분한 효과가 있었다. 어른들은 세미나 중에는 은혜를 받고 치유되는 것 같다가도 시간이 지나면 다시 옛날로 돌아가는 경우가 많다. 그들은 내면의 상처가 깊고 오래 묵은 것들이 많아 쉽게 치유되지 않는다. 은혜 받는 것과 변화가 다르기 때문에 고민스러운 경우가 종종 있다. 그런데 청년 대학생들의 경우는 놀라울 정도로 효과가 있었다. 그 집회 이후 시카고 코스타에서도 반응은 열광적이었다. 다음은 한 학생이 보내온 이메일 내용이다. 그 강의를 통해 자신이 치유받을 뿐 아니라 짧은 시간에 치유자로 변신한 사례다.

"저는 밴쿠버 코스타 집회에서 박사님의 명강의가 아닌!

명간증을 듣고 참 많은 것을 생각하고 깨닫고 또 뒤돌아보게 된 학생입니다. 혹 희미하게나마 제 얼굴을 기억하실지도 모르겠어요. 박사님 내적 치유 강의를 들을 때 용서했는지 안 했는지 어떻게 확신하느냐고 질문을 드리면서 제가 이제는 그 상대에게 불쌍한 마음이 한량없는데 그런데 (but!) 다시 대할 생각을 하니 두렵다고 말씀드렸더니 저보고 용서한 건 맞으니까 정면 돌파 하라고 조언해 주셨지요.

제가 참 많은 상처를 가슴에 독기처럼 품고 부모님을 원망하면서 10년 이상 살았었기 때문에 박사님의 간증이 너무 와 닿고 다 제 이야기였답니다. 제가 다 거친 프로세스였기 때문에 모든 것이 다 명확히! 정리가 되고, 다시 한번 제가 용서할 수 있도록 하신 하나님께 너무 감사한 생각이 들었답니다.

제가 부모님을 용서하고 나서도 가장 힘든 점은 저희 부모님이랑 고등학교 때부터 10년 이상 떨어져 지냈기 때문에 이제 용서하고 난 후에도 다른 보통 가정의 부모 자식 간에 갖는 심리적인 어태치? 어떤 감정의 끈끈함 같은 것이 전혀 없다는 겁니다. 물론 지금 생각하면 우리 부모님의 행동이 다 그분들 나름대로의 상처로 기인한 병증(?)이었다고 정말 이해가 되어지고 그렇게 평생을 사실 분들이 너무 불쌍하지만 이제 어떻게 그분들을 대해야 될지 참 어색하기만 합니다. 따뜻한 말을 건네 드리고 싶지만 심리적으로 움츠러드는 건 어쩔 수 없네요… 아마 이 과정이 제가 다시금 겪어 내야 할 제2의 스텝이 아닌가 합니다. 박사님의 생각은 어떠세요.

제 마음속의 정말 지옥같이 간직하고 있었던 그 쓴 뿌리들을 뽑아낸 후에 갖게 된 가장 큰 제 변화는 제 성격의 드라마틱한 변화입니다. 그 전에는 항상 방어적이고 사람들을 경계하고 저를 포장하는데 익숙했고 또 자칭 타칭 완벽주의자였는데 지금은 오히려 저의 아팠던 경험을 드러냅니다. 그리고 상처가 있는 친구들에게 저의 경험을 적극 활용하고 있구요. 또 확실히 성격이 많이 부드럽고 여유가 있어졌습니다. 저의 고등학교 친구들이 지금의 저를 본다면 정말 깜짝 놀랄 거예요.^^

또 하나 참 감사한 일은 하나님이 저에게 특별한 눈을 주셨는데, 신기하게도 저는 다른 사람과 몇 번 대화하기만 해도 그 사람의 상처와 아픈 부분을 볼 수 있다는 거예요. 이곳 캐나다에서 저와 제일 친한 친구가 셋 있는데 이 세 명의 친구들이 다 각자 자기들의 말 못할 상처를 가지고 있어요. 한 친구는 부모님으로부터 어렸을 때부터 언어적 신체적으로 학대를 당해 왔지만 그 환경을 끝내 벗어나지 못한 상처가 있답니다(특이한 전력이 있는데 제 생각에는 이게 다 그 친구의 부모님으로부터 온 낮은 자존감과 자기 비하 의식에서 온 것 같아요).

그리고 또 한 친구는 아버지의 폭력 언어적 비하 때문에 굉장히 소극적인 성격을 가지게 된 친구예요. 이 세 친구들 모두가 저의 교회(캐나다 교회) 친구들인데 이상하게도 이 친구들은 저만 보면 속을 털어놓고 자기 상처를 드러내고 기도를 부탁하고 그래요. 그리고 저는 그들의 모습 속에서 정확히! 저의 모습을 보구요… 그래요 그리고 전 그 친구들에게 말해 주죠. 나두 너랑 똑같았다. 나두 사실 너처럼 그랬다. 용서하기가 싫고 이 억울함을 어디서 푸나

참 하소연할 곳도 없어서 하나님 앞에서 많이 울었다. 지금 내 환경이 변한 건 하나도 없다. 하지만 용서하고 나니 그 어느 때보다 마음이 편하다. 내가, 내 자세가 변해서일 거 같다. 하나님이 나를 너희들의 좋은 친구로 위로자로 삼으시는 것처럼 너희들도 언젠가 하나님이 남을 치유하는 도구로 사용하실 것을 믿는다… 하구요. 이게 제 스토리에요.

제가 너무 많이 떠들었죠?^^ 하지만 박사님 사역의 중요성을 다시 한 번 인식시켜 드리기 위해서! 하하… 박사님 강의를 들으면서 제가 줄곧 생각했던 게 뭔지 아세요? 내 캐네디언 친구들도 박사님 강의를 들을 수 있으면 얼마나 좋을까 하는 거예요… 정말 간절히 생각했어요. 애들은 이런 좋은 강의를 들을 기회가 없어요. 우리처럼 수련회나 부흥회가 많이 있지도 않구, 구원의 확신이 없는 애들도 많구, 그럴 땐 참 한국 사람으로 태어난 게 감사하면서도 아쉬워요. 제 친구들 생각하면요. 계속적인 박사님의 귀한 사역 기대합니다. 50대까지 준비하신다는 말씀에 큰 도전을 받았어요. 저두 너무 조급히 서두르지 않고 Margin을 충실히 쌓아 나가도록 해야 겠어요."

환자론

내적 치유에 대한 세미나를 할 때 사람들이 가장 즐거워하는 대목이 바로 '환자론'이다. 나는 '죄인'이라는 용어 대신 '환자'라는 말을 즐겨 쓴다. 죄인이라는 말은 어쩐지 심판적 의미를 떠올리고 환자라는 말은 치유적 의미를 떠올린다. 같은 대상을 지칭하면서도 그 뉘앙스가 다르다. 그래서 사람들은 "너 죄인이지?" 하지 않고 "당신 환자 아니냐?"라고 하면 대개가 수긍한다. 신체적으로도 온전한 사람이 없지만 인격적, 도덕적으로야 말할 나위가 없다. 우리 모두는 다 전인격적으로 왜곡된 환자이다. 배우자를 지칭할 때 부부 사이에 가장 많이 사용하는 말은 '이상한 사람' '이상한 양반'이라는 말이다. 살아보니 정상이 아니란 결론이다. 어떤 훌륭한 인격의 소유자도 3일만 같이 살아보면 비정상적인 면이 보이기 시작할 것이다. 그래서 우리 모두는 치유 받아야 할 존재이다.

왜 우리는 쉽게 상처를 받는가. 그 이유는 인간을 정상으로 보기 때문이다. 모든 인간은 다 환자요 치료의 대상이다. 인간은 기대의 대상이 아니고 사랑의 대상일 뿐이다. 목사님이나 영적 지도자를 보는 시각도 마찬가지다. 그들도 치유의 대상이지 정상인이 아니다. 보통 사람들보다 치유의 과정이 먼저 시작되었을 뿐이다. 많이 치유된 사람과 조금 치유된 사람이 있을 뿐이지 모두가 하나님의 시각으로 보면 환자일 뿐이다. 부모님에게 상처받는 이유도 마찬가지다. 목사님 환자, 장로님 환자, 집사님 환자, 어머니 환자, 남편 환자, 예쁜 환자, 어린 환자, 겸손한 환자… 모두가 환자임을 알라. 그들을 정상인으로 보면 상처를 받는다. 모든 인간의 갈등과 분쟁은 인간에 대한 이해의 부족에서 온다. 모든 인간은 비정상이며 죄성과 이기심을 가지고 있다는 것을 인정하고 나면 갈등은 줄어든다. 서로가 환자임을 인정하고 서로 불쌍히 여기는 자세가 필요하다.

자아의 집착으로부터 자유로운 비결은 성경적인 관점으로 나를 보는 것이다. 기도할 때는 "죽을 수밖에 없는 이 죄인이…"라고 하면서 막상 다른 사람이 나를 '죽일 놈'이라고 하면 그 상처와 분노로 인해 잠을 못 잔다. 나를 환자로 보라. 치료의 대상으로 보라. 자기 비하와 열등감에서 자유하는 비결은 성경적 인간관을 갖는 것이다. 나를 사랑받아야 할 긍휼의 대상으로 보라. 신경질을 많이 내는 나 자신을 중환자로 보라. 나를 있는 모습 그대로 100% 수용하라. 나를 변화시키려고 노력하지 말라. 그냥 나를 받아들이고 무조건적인 주님의 은혜에 몸을 담그라. 주님이 주도하시는 치유의 과정에 나를 맡겨라.

그런데 사람들은 '환자'라는 지적에 대해 동의할 뿐 아니라 모든 사람이 다 환자라는 사실에 큰 위로를 받는 것 같다. 사람마다 다 불편한 관계를 가지고 산다. 나를 괴롭히는 사람으로 인해 의기소침한 경우가 많다. 대인 관계의 치유의 비결도 의외로 단순하다. 성경적 관점에서 인간을 보면 스스로 치유되는 경우가 많다. 다른 사람을 가해자로 보지 말고 피해자로 보라. 내가 그에게 상처를 입은 것처럼 그도 누군가에게 상처입은 사람이다. 나에게 상처를 준 사람은 더 큰 상처를 입고 신음하는 사람이다. 객관적 시각으로 그를 보라. 불쌍히 여겨라. 놀라운 사실은 생각이 바뀌면 감정도 변한다는 것이다. 이 시각이 훈련되면 어느덧 그를 사랑하고 있음을 깨닫게 된다.

환자는 치료의 대상이지 비난의 대상이 아니다. 나를 포함해 이웃에게 상처를 줄 정도라면 얼마나 병든 존재인지를 따져 보라. 얼마나 왜곡된 환경에서 자랐을까를 생각해 보라. 얼마나 많은 사람에게 상처 받았을까를 상상해 보라. 그를 환자로 보면 모든 문제가 쉽게 풀린다. 나 자신을 볼 때도 상처 받은 것만 생각하지 말고 얼마나 많은 사람에게 상처를 주었는가를 따져 보라. 나 자신이 환자이면서 동시에 가해자였음을 왜 모르는가. 죄는 '하지 말라'는 것을 하는 정도가 아니다. 의의 길을 가지 않는 것이 죄의 본질이다. 죄인을 사랑하지 않는 것이 가장 큰 죄임을 알아야 한다. 상처는 사랑과 섬김을 마비시킨다. 상처가 많은 자는 의의 길을 갈 수 없다. 상처 문제를 해결해야 주님의 말씀대로 적극적인 순종의 삶을 살 수 있다.

드러남의 은혜

내적 치유의 비결은 인식의 변화와 드러남의 은혜와 용서의 삶, 그리고 치유적 공동체이다. 첫 번째는 병든 인격을 인식하는 것이다. 무엇보다 내게 문제가 있다는 것을 깨닫는 순간부터 치료가 시작된다. 변화는 문제를 인식할 때에 시작된다. 정신과 용어로 '병 인식(insight)'이라는 말이 있다. 정신적으로 '문제가 있다'는 것을 아는 환자는 치료가 잘 되고 문제의식이 없는 환자는 치료가 안 된다. 영적으로도 마찬가지다. 우리는 하나님을 떠나 전인격적으로 왜곡된 존재이다. 거기에서 왜곡된 생각이 나오고 왜곡된 감정이 나오고 병든 행동이 나온다. 이를 바로 아는 것이 내적 치유의 시작이다.

둘째는 드러내는 일이다. 영적 가면을 벗어라. 주님 앞에 숨길 것이 없다. 주님은 모든 것을 다 아시기 때문이다. 주님께 모든 것을 털어 놓아라. 내적인 감정을 억제하지 말라. 감정을 자연스럽게 표현하라. 자신의 상처와 한, 맺힌 것과 눌린 것을 정직하게 드러내야 치료를 받는다. 물론 여기에는 치유적 환경이 필요하다. 마음을 터놓고 대화할 수 있는 한 사람만 있어도 치유가 된다. 드러내는 과정이 처음에는 고통스러울 수 있다. 필요하면 정면 대결을 하라. 필요하면 감정을 폭발시켜라. 울어도 좋고 통곡을 해도 좋다. 드러내면 은혜를 받는다. 내가 드러내지 않으면 하나님이 드러나게 하신다. 모든 불미스러운 사건, 고통스런 체험은 그것을 드러나게 하시는 주님의 은혜이다. 드러날 때마다 오히려 감사하라. 우리의 약점을 통해 하나님의 온전하심을 나타낼 수 있는 찬스가 아닌가. 우리의 연약함과 한계를 인정할수록 하나님께서 우리를 통해 역사 하신다. 그리고 내가 얼마나 소중한 존재인가를 깨닫게 하신다.

셋째는 용서하는 일이다. 나 자신을 용납하고 다른 사람을 용서하라! 다른 사람을 용서한다는 것은 자기 자신을 용서하는 것이다. 그리스도 안에 있는 나에게는 이제 정죄나 저주란 있을 수 없다. 혹시 구체적인 잘못에 대한 간섭이나 징계가 있을 수 있다. 그러나 이것은 지독하게 나를 사랑하시는 사랑의 표현일 뿐이다. 먼저 나 자신을 향한 하나님의 사랑과 용서를 체험해야 다른 사람을 용서할 수 있는 정서적 여유가 생긴다. 용서란 받을 자격이 없는 자에게 주시는 하나님의 호의임을 기억하라. 병든 자아상을 가진 크리스천의 가장 큰 문제는 그들이 하나님의 무조건적인 사랑과 용서를 누리지 못한다는 것이고 그 결과 이 놀라운 주님의 선물을 나누어 주지 못한다는 것이다. 용서하지 않으면 내가 매이게 된다. 용서하지 않으면 내가 그 사람의 정신적 노예가 된다. 그 결과 삶의 모든 영역에서 자유를 누리지 못한다. 영적으로, 정서적으로 내가 묶인 상태이기 때문이다. 용서하라. 자신의 행복을 위해서라도 용서하라. 그러면 용서와 죄사함의 감격을, 십자가 복음의 진수를 누리게 될 것이다.

넷째는 영적 공동체에 속하라. 교회의 본질은 치유의 공동체이다. 치유는 혼자 하는 것이 아니라 더불어 같이 되어지는 것이다. 인간 문제는 누구나 같다. 서로 나누며 짐을 지는 것이 치유의 비결이다. "너도 그랬냐. 나도 그랬는데. 어쩌면 그렇게 똑같냐"하며 놀라는 경우가 많다. 정직한 나눔의 과정에서 치유가 이루어진다. 리더의 책임은 먼저 자신의 문제를 오픈하는 것이다. 그리스도 안에서 이루어지는 교제와 사랑이 최고의 명약이다. 영적 공동체는 개방성과 투명성이 생명이다. 더 놀라운 사실은 치유적 공동체에 속해 있으면 덩달아 건강해진다는 것이다. 치유만 받고 성장이 없으면 제자리걸음을 하게 된다. 영적 공동체에 속해 있으면 자동적으로 양육이 이루어진다. 살아 있는 말씀을 공급 받고 응답 받는 기도를 체험하게 되어 믿음이 자라고 견고해진다.

"
자기 이름을 위하여 의의 길로
인도하시는도다
"

목자는 양의 소유권을 확실하게 하기 위해 양의 귀에 상처를 낸다고 한다. 나에게 예수 믿는 흔적이 있는가. 의의 길을 가기 위해선 자기 부정이 필요하지 않을까. 자기 부정이란 모든 삶의 영역에서 주님이 나보다 더 지혜로우시고 능력이 있음을 조용히 인정하는 것이다. 그분에게 속해 있다면 마땅히 결정권을 넘겨 드려야 한다. 모든 크리스천의 불행은 주님의 소유권을 인정하면서도 구체적인 삶의 현장에서 나를 인도하시는 그분의 실제적 능력을 신뢰하지 않는 데서 온다. 자신의 상식과 경험으로만 크리스천의 삶을 살아간다면 정말 고달픈 삶이다. 내 힘으로 신앙생활 잘해보겠다는 짐을 빨리 벗어 버려야 한다. 주님께서 나를 인도하시고 그 자유와 풍성함으로 이끌지 아니하시면 너무도 고달픈 삶이다. 그분 안에서만 온전한 성취와 누림이 있다. 그분 안에서만 자기 발견이 있다. 그분에 속함으로서만 흥미진진한 모험과 탐험, 실험적 삶을 즐길 수 있다. 이 풍성함을 누리려면 먼저 그의 나라와 그의 의를 구해야 한다. 그분을 범사에 인정해야 한다.

제주도 사건, 그 처절한 교훈

7년 전의 일이다. 비행기는 제주도를 향해 출발했다. 비행기 안에서 나는 오직 주님만 바라보며 절박한 기도를 하고 있었다. 이제 '내가 구속되느냐 마느냐'보다 더욱 절박해진 것은 KBS 9시 뉴스팀이 이 사건을 취재해 집중 보도한다는 사실에 있었다. 온갖 불리한 정보뿐이었다. 참담한 마음이었다. 드디어 제주 경찰서에서는 나를 소환했고 나는 어두움이 짙게 깔린 미래를 향해 나아가고 있었다. 사랑의클리닉이 어떻게 시작된 병원인가. 오직 믿음으로 주님의 영광을 위해, 섬김과 봉사와 선교를 위해 수많은 크리스천들의 기대와 한국 교회의 축복 가운데 시작된 병원이 아닌가. 이제 그 병원이 불법 행위로 몰려 비참한 몰락의 길에 들어선 것이다. 이 병원이 주님을 영화롭게 하기는 커녕 그분의 영광을 가리우는 도구로 전락하다니. 아마

내 생애 동안 이토록 절박한 상황 속에서 간절하게 기도해 보기는 처음이었던 것 같다.

개원 당시 시작되었던 병원의 적자는 계속 누적되고 있었다. 적자 해소 방안을 놓고 고민하던 나는 심한 스트레스로 분별력이 흐려진 탓인지 큰 실수를 하고 말았다. 평소에 알고 지내던 형제의 권유로 혈액 검진 사업을 시작했는데 그 내용은 '검진팀이 각 직장을 방문, 직원들의 혈액을 채취해서 수십 가지의 항목을 체크하여 종합적으로 건강을 진단하는 것'이었다. 그 형제의 이야기로는 이 사업이 본 궤도에 오르면 매월 수천 만원의 흑자가 가능하다는 것이었고 자신이 다른 병원과 연계해서 하고 있는 기존의 성과를 자신 있게 제시하였다. 사실 그는 순수한 동기로 나를 돕고자 했다. 그런데 우리 병원의 내과 선생님 한 분이 이 사업에 반대하시는 것이 아닌가. "어떻게 피만 뽑아서 건강 상태를 결론 지을 수 있느냐" "최소한 환자의 얼굴을 보고 문진은 해야 한다"고 강변했다. 그는 최소한의 의사로서의 역할이 필요함을 역설하며 도의적인 문제가 있음을 지적했다. 그때 나는 그 의견을 묵살하고 혈액 검진 사업을 강행하게 되었다. 그 이유는 서울에 있는 다른 병원들이 다 이 사업을 하고 있다는 관행에 근거한 것이었다.

처음 몇 달 동안은 순풍에 돛단 듯이 사업이 번창해 갔다. 검진차를 구입하고 혈액 검사 장비를 보강했으며 검진팀을 여러 명 채용했다. 기존의 적자에 더 많은 부담을 병원이 안은 것이다. 그런데 갑자기 청천벽력과 같은 일이 터진 것이다. 어느 날 검진팀이 내려가 있던 제주도에서 급한 연락이 왔다. 당시 검진팀은 대우전자 대리점 사원들의 혈액 검진을 위해 제주도에 가 있던 상황이었다. 의료법 위반 혐의로 팀장은 구속되고 나머지는 모두 경찰에 입건되어 조사를 받고 있다는 것이다. 그리고 수사대가 서울에 급파되어 곧 병원에 들이닥칠 것이라는 것이었다. 보고를 받고 나니 눈앞이 캄캄했다.

문제의 발단은 이러했다. 제주도에서 검진을 했던 일부 고객들에게 검진 결과가 통보되었는데 사무적인 실수로 한 남자에게 '검사 결과 자궁암 없음'이라는 통지가 날아 간 것이다. 검진 당시 여성들에겐 혈액 검사 전 자궁암 검사를 했던 것인데 컴퓨터의 착오로 그 결과가 잘못 통보되었던 것이다. 당사자는 이 상황을 사이비 의료 기관에 의한 사기로 판단하고 경찰에 고발한 것이다. 그다음 날 경찰은 병원에 들이닥쳤고 결국 그 사건은 사무 착오로 판명되긴 했으나 문제는 거기에 머무르지 않았다. 당시 검찰이 적용했던 법은 '의료보건에 관한 특별조치법'으로 의사가 없는 상황에서 불법 의료 행위를 했다는 것이었다. 당시 관행으로 하고 있는 모든 혈액 검진 사업은 의사가 동행하지 않는 한 불법이라는 것이었다. 당시 제주도의 한 신문에는 사회면 톱으로 '서울에 있는 사랑의클리닉이라는 사이비 의료 기관에서 혈액검진을 미끼로 돈을 받고 제주도까지 와서 사기행각을 했다'고 보도되었고 KBS 라디오 전국 방송에도 보도가 되고 말았다. 나는 그 뉴스를 접하면서 매스컴의 보도내용이 정확한 사실에 의해서가 아니라 추측과 흥미 본위로 조작될 수도 있음을 절실하게 깨닫게 되었다.

내가 소환을 당한 것은 구속이 임박했기 때문이란 것이 지배적인 관측이었다. 하수인에 불과한 검진팀이 구속되었는데 병원의 책임을 맡고 있는 원장이 구속되는 것은 당연하다는 논리였다. 더 큰 문제는 KBS -TV 9시 뉴스에 보도될 것이라는 정보였다. 사건의 내용이 흥미롭기 때문에 그들에겐 더 없는 뉴스거리가 되고 건수로서 좋은 사냥감이었을 것이다. 내 개인의 구속보다 더 심각한 것은 사랑의클리닉이 불법에 연루되어 세간의 조롱거리가 되는 것이었다. 제주경찰서의 조사과에 들어가자 맥이 탁 풀렸다. 내가 들어가는 모습부터 벌써 KBS 뉴스팀이 촬영을 하고 있는 것이 아닌가. 이제는 "틀렸구나" 하는 자괴감이 엄습하기 시작했다. 구속은 기정사실이고 저녁 황금 시간대에 뉴스로 전국에 방영될 생각을 하니 기가 막혔다. 정신적으로 죽음보다 더한 고통을 겪고 있었다. "오 주님" 하며 탄식이 나왔다.

이 사건의 메시지는 분명했다. 하나님의 일은 하나님의 방법으로 하라는 것이었다. 하나님의 방법이 아니면 다른 사람들이 다 해도 네가 하면 안 된다는 것이었다. 수백 개의 다른 병원들이 법적으로 애매한 일을 관행으로 하고 있다고 해도 하나님의 이름으로 시작한 사랑의클리닉이 하면 '절대 안 된다'는 것이었다. '내가 너를 너무 사랑하기 때문에 안 된다'는 것이었다. 하나님이 주신 교훈은 너무도 단호했다. 사랑의클리닉은 다른 병원들과 달라야 한다는 것이다. 모든 영역에서 거룩하게 구별되라고 요구하신 것이다. 주님이 지속적으로 쓰시는 도구가 되려면 먼저 깨끗한 그릇이 되어야 하리라.

이 사실을 뼈저리게 깨닫게 하시고는 은혜의 개입이 가속화되기 시작했다. 구속은 기우에 그쳤고 오히려 융숭한 대접까지 받으면서 조사를 마쳤다. KBS-TV의 보도는 9시 뉴스가 아닌 밤 11시에 하는 뉴스라인에 나갔는데 결과적으로 큰 이슈가 되지 못했다. 오히려 그 방송을 접한 많은 분들이 "저것은 황박사를 모함한 것이다"며 격려해 준 분들이 많았다. 법적 적용이 애매했던 탓에 여러 법조인들의 도움으로 결국 항소까지 가서 선고 유예의 판결을 받아냈다. 언론이 터트린 문제의 크기에 비해 비교적 조용하게 수습된 셈이었다. 이 어려움으로 인해 병원의 식구들이 기도와 사랑으로 하나가 되었다. 이 모든 것이 우리의 연약함과 죄성에도 불구하고 품어 주시고 치유하시는 주님의 은혜가 아닐 수 없었다.

전문성과 영성을
동시에 추구하라

   비즈니스의 영역에서 성결은 무시되기 쉽다. 그러나 주님은 우리에게 '내가 너희를 보냄이 양을 이리 가운데 보냄과 같도다 그러므로 너희는 뱀같이 지혜롭고 비둘기같이 순결하라'는 구체적인 지침을 주셨다. 주님은 우리에게 모든 영역에서의 순결을 요구하신다. 물론 사회의 왜곡된 구조 때문에 하루 아침에 100% 순수성을 회복할 수는 없을 것이다. 그러나 주님은 급진적이든, 점진적이든 방향 전환을 강력히 요구하신다. 주님이 요구하신 순결은 세상 물정을 모르는 순진함을 의미하는 것이 아니다. 이 세상의 모든 왜곡된 구조와 복잡성을 먼저 정확하게 이해하고 그 상황을 뚫고 승화된 순결이라야 의미가 있는 것이다. 그리고 순결하려면 반드시 지혜가 뒷받침되어야 한다. 창조적인 아이디어 없이 무조건 순결을 유지한다는 것은 불가능한 일이다. 끊임없이 전문적인 영역에서 지혜와 아이디어를 추구하되 결국 최고의 지혜는 순결이어야 한다.

모든 성도는 직업이라는 자신의 전문 영역에서 하나님께서 주도하시는 문화 창조의 동역자가 되어야 한다. 즉 세상을 주님의 사랑으로 품고 그 속에 심어 놓으신 주님의 비밀을 밝히는 것이다. 크리스천들이 하는 일이 감동을 자아내지 못하는 이유는 전문성을 무시하기 때문이다. 아무리 영적인 수준이 높아도 진문성의 수준이 떨어지면 감동이 오래 가지 못한다. 어딘지 얄팍해 보이고 천박해 보인다. 찬양팀들을 대할 때마다 느끼는 것은 영성을 갖춘 팀은 음악성이 떨어진다는 것이다. 반면 음악성을 갖춘 팀은 영성이 없는 경우가 많다. 지속적으로 은혜받을 수 있는 좋은 찬양은 음악성과 영성을 겸비했을 때 가능하다. 시대정신을 변화시키려면 영성과 전문성, 인격과 실력은 반드시 겸비해야 한다. 이제는 영성과 전문성을 겸비한 하나님의 사람이 무수히 나와 정치, 경제, 경영, 교육, 학문, 문화, 예술 등 모든 영역에서 빛을 발해야 한다.

이 사건 이후 엎친 데 덮친 격으로 병원은 벼랑 끝 위기에 몰리게 되었다. 제주도 사건으로 혈액 검진 사업은 폐쇄되었고 엄청난 추가 적자가 발생했다. 그러던 중 인도의 백종태 선교사님으로부터 한인 선교사 대회에 주강사로 와 달라는 강력한 초청을 받게 되었다. 일주일 정도의 기간이 요구되었는데 고민스런 일이 아닐 수 없었다. 이 어려운 상황에서 나까지 병원을 비우면 재정 압박은 물론 동료 의사들이나 직원들의 불안이 더욱 가중될 것이 아닌가. 그런데도 마음 속에서는 "가라"는 음성이 들려 왔다. 선교사로 인도에 못 갈지언정 선교사님들을 말씀으로 섬기는 일을 못할 이유가 없었다. "망하면 망하리라" 결국 모든 것을 주님께 맡기고 믿음으로 인도를 향했다.

봄베이 근교 해변가의 한 호텔을 빌려 2박 3일 동안 진행된 제1회 전 인도 한인 선교사 대회는 80여명의 한인 선교사 부부들이 모여 아름다운 교제와 나눔의 시간을 가졌다. 이 만남을 계기로 인도 전역에 있는 선교사님들을 사귀게 되었고, 이후 사랑의봉사단을 인도의 어느 지역에 보내도 될 정도로 훌륭한 선교의 네트웍을 형성하게 되었다. 결국 그 네트웍에 의해 사랑의봉사단에서는 세계 최대의 슬럼가인 봄베이 슬럼가에 두 곳의 진료소를 시작하게 되었고 지금까지 인도에 열다섯 번을 다녀올 정도로 동역자들과 인도의 구석구석을 누비며 인도 복음화에 대한 열망을 불태우게 되었다.

망하기로 결단하라

선교사 대회를 마치고 귀국하는 비행기 안에서 나는 다시 병원의 위기에 대해 간절한 기도를 드리면서 상념에 잠기게 되었다. 그러다 생각난 아이디어가 '선교사 가족과 목회자 부부를 위해 종합검진을 50% 할인해서 실시하자'는 것이었다. 마음 한 구석에서는 "이왕 망할 바에는 좋은 일이나 실컷 해보자"는 배짱도 생겼다. "망해도 좋으니 성경의 원리대로 살아보자"는 오기가 생겼다. 돌아오자마자 그 검진 제도에 대해 국민일보에 조그맣게 기사가 나갔다. '사랑의클리닉에서는 개원 1주년을 기념으로 모든 선교사 가족과 목회자 부부에게 특혜를 준다'는 내용이 실렸다. 그 반응은 상상을 초월할 정도로 폭발적이었다.

기사가 나간 그날부터 전국에서 목사님들의 검진 예약

전화가 빗발쳤다. 특히 시골에서 평생 한 번도 종합 검진을 못 받아 보던 목사님 부부들이 주류를 이루었다. 하루에 3-4명을 하던 검진이 20여 명까지 하게 되었고 사랑의 클리닉은 크리스천들 사이에 널리 알려지게 되었다. 때를 같이 하여 지금까지 해오던 부작용 없는 항암 면역 요법이 신문과 잡지 등에 소개되면서 암 환자도 많아지게 되었다. 이후 사랑의클리닉에 대한 아름다운 소문은 꼬리에 꼬리를 물고 이어졌다. 결국 10개월 동안에 누적되었던 만성 적자가 3개월만에 완전히 회복되었고 병원 경영도 정상 궤도를 달리게 되었다.

주님의 축복은 그 정도에 머무르지 않았다. 이후 성경적인 경영이 뿌리내리면서 IMF기간인 98년에는 4배의 매출액을 달성하는 경이로운 성장을 기록하였다. 또한 암 환자들이 식이 요법 때문에 고민하는 모습을 보고 암의 재발을 막기 위해 특수식으로 개발했던 생식이 일반인들에게 보편화되기 시작했다. 주님이 창세기 1장 29절에 허락했던 태초의 식사를 예방의학적 관점에서 과학적으로 재현한 생식이 수많은 사람들을 질병과 허약함으로부터 자유롭게 해줄 줄이야. 그리고 그 영향력을 통해 '아름다운 나눔'의 도구가 될 줄이야.

이를 위해 병원에서 설립한 건강마을(현재는 (주)이롬)이라는 회사가 불과 4년만에 국내 굴지의 건강식품 기업으로 성장하며 '건강과 행복의 전달자'가 되는 축복을 누리기도 했다. 이 회사의 수익금 중 많은 부분이 사랑의봉사단을 통해 고통받는 제 3세계에 주님의 사랑을 전하는 데에 쓰여지고 있다. 이제 황성주생식이라는 브랜드로 한국은 물론 세계 각국으로 수출하면서 전인 치유 세미나와 더불어 영육 간의 건강을 회복시켜 주는 주님의 도구로 활용되고 있다. 또한 국제사랑의봉사단과 전인치유학교, 월드리더 스쿨, 셀교회 운동 등 각종 사역이 꽃을 피우면서 수많은 동역자들이 몰려들기 시작했다.

나는 이 과정을 통해 '너희는 먼저 그의 나라와 그의 의를 구하라 그리하면 이 모든 것을 너희에게 더하시리라'는 성경 말씀이 얼마나 정확한 실천적 진리인지를 절감하게 되었다. 먼저 그의 나라와 그의 의를 구하기로 결단하라.

살아 계신 하나님으로 하나님되게 하라. 진리로 진리되게 하라. 축복을 구하기 전에 먼저 축복을 담을 수 있는 인격과 역량을 갖추라. 주님은 먼저 깨끗한 그릇이 되라고 말씀하신다. 그의 나라와 그의 의를 먼저 구하라. 줄기차게 구하라. 우선 순위를 그분께 두라. 본질적인 것 하나에 생애를 걸라. 그러면 부차적인 모든 것을 너희에게 더하시리라.

주님은 동기 부여의 대가

주님은 정말 특별하신 분이시다. 내게 어쩐지 꺼림칙한 일, 이래도 되는가 하면서 내적 갈등을 유발하는 일이 생기면 그 결과는 대개 예측이 가능한 방향으로 전개되는 경우가 많다. 즉 나쁜 결과로 귀결된다. 그럴 때 '나는 주의 의로운 판단을 배울 때에는 정직하리이다'라는 시편 기자의 고백을 하고야 만다. 반면 일은 잘 안 풀리더라도 대의명분이 있고 주를 위한 모험적 삶이라고 생각될 때 그 결과 또한 대개 예측이 가능한 방향으로 전개된다. 즉 최선의 결과로 나타난다. 나의 상상을 초월한 놀라운 일들이 일어나면서 상황이 역전된다. 그래서 주님은 결코 손해 보지 않는 분이시다. 기어이 자신의 이름을 위하여, 자신의 영광을 위하여 자신이 기뻐하시는 길로 인도하시고야 마시는 주님. 주님은 동기 부여의 대가이시다. 결국 자신을 위해, 그의 나라와 그의 의를 위해 목숨을 걸게 하시고야 마시는 분이시다.

    나는 의과 대학 시절 의학 박사만 되게 해달라고 기도했다. 박사가 안 되면 그냥 복음을 전하는 의사로 살겠다고 다짐했다. 그런데 주님은 대학교수, 병원장, 국제 봉사 단체 대표 등… 여러 영역에서 상상할 수 없는 새로운 길로 인도하셨다. 그리고 오대양 육대주 전세계를 다니며 주의 복음과 사랑을 전하고 세미나를 할 수 있는 은혜를 주셨다. 높은 직책과 폭넓은 활동 자체가 자랑이 아니라 그만큼 책임 있는 위치에 놓아두어 리더십 훈련을 받게 하신 것이다. 그 책임에 걸맞은 처절한 고독과 지독한 어려움도 겪게 하셨다. 그 결과 주님을 위해 전천후로 다용도로 쓰임 받을 수 있도록 철저히 훈련하신 것이다. 대학 시절에 주신 꿈과 비전이 이루어질 뿐 아니라 시간이 갈수록 그 꿈이 깊어지고 넓어지고 광활해짐을 느낀다. 그 경이로운 인도하심에 어떤 날은 잠을 설칠 정도다. 가슴 설레이는 하루 하루의 삶… 주님의 생각은 우리와 너무도 다르다. 자기 이름을 위하여 의의 길로 인도하시는 주님… 그 주님을 영원토록 찬양하자.

믿음이란 "주님을 위해 무엇인가 굉장한 일을 해보자"가 아닌 "다 이루었다"고 선언하신 주님 안에 거하는 것이다. 신앙 생활이란 '내가 주님을 위해 일하는 것'이 아닌 '주님이 나를 위해, 그리고 자기 이름을 위해 의의 길로 인도하시는 것'이다. 내가 하는 것이 아니라 그분이 하시는 일에 동참하고 누리는 것이다. 주님의 사랑을 듬뿍 체험하고 누리는 것이다. 오늘날 한꺼번에 터져 나오는 크리스천의 불미스러운 일은 누림 없는 신앙의 파괴적 결과일 뿐이다. 그 사랑을 누리고 그 감격을 체험하고서야 어찌 그런 불행한 일이 생기겠는가.

물론 인간의 열심은 하나님의 동역의 통로이다. 다만 그 열심은 '주님의 사랑에 대한 반응'일 뿐이다. 우리의 삶은 사랑에 대한 응답이다. 성경과 역사 속에서 위대한 인물이란 '하나님 앞에서 그렇게 살 수 밖에 없었던 사람'이다. 그러니 모델을 찾지 말라. 치열한 삶의 현장에서 나에게 역사 하시는 주님께 나를 맡기고 '마이 웨이'를 가라. 나를 특별한 방법으로 독특하게 사랑하시는 주님 앞에 내가 독특하게 반응하는 것이 중요하다. 내가 해야 할 사명을 대신할 사람은 아무도 없다. 위대한 예술가는 똑같은 작품을 만들지 않는다. 주님은 똑같은 용도로 나를 대신할 사람을 부르시지 않는다. 나의 생이란 '주님의 사랑과 은혜에 반응해 가는 흔적'이다.

주여 본전 뽑으시옵소서!

놀라운 사실은 주님이 우리를 의의 길로 인도하시되 '자기 이름을 위해서' 하신다는 것이다. 재수 시절의 일이다. 내가 처음 출석했던 교회의 전도사님이 이런 간증을 하셨다. 당시 학생들을 데리고 버스를 대절해 겨울 수양회를 갔었다고 한다. 그런데 갑자기 버스가 빙판인 내리막길에서 브레이크가 듣지 않는 응급 상황이 발생한 것이다. 버스가 미끄러지면서 학생들이 소리를 지르고 난리가 났는데… 자기는 마음 속에서 깊은 기도가 나오더라는 것이다. "주여 본전 뽑으시옵소서, 주여 본전 뽑으시옵소서…"

그 전도사님은 3개월 후에 목사 안수를 받기로 되어 있었다고 한다. 지금까지 주께서 훈련시키고 준비시켜서 이제 막 사역의 꽃을 피우려는 찰나에 이대로 데려가실 수 있느냐 하는 반문이었다고 한다. 지금까지 투자한 만큼 본전을 뽑아야 한다는 논리를 전개한 것이다. 그랬더니 버스가 멈추더라는 것이다. 주님이 자기 이름을 위하여 우리를 인도하신다. 이것이 우리 크리스천의 배짱이다. 결코 손해 보지 아니하시는 주님. 아무리 넘어지고 자빠져도, 앞으로 가도 뒤로 가도 그분은 자기 이름을 위하여 나를 인도하신다! 실수가 없으신 주님, 모든 것을 활용하셔서 결국 자신의 이름을 높이시는 주님. 이 강한 확신에 아예 나를 맡겨 버리라. 오직 의의 길을 가라. 그분의 확고부동한 인도하심에 나를 의탁하라!

의의 길은 사람을 키우는 것

'의'라는 말은 '주님과의 바른 관계'를 뜻한다. 그리고 그 관계는 "서로 사랑하라"고 명하신 새 계명(성도와의 관계)과 "만민에게 복음을 전파하라"는 지상명령(불신자와의 관계)을 포괄한다. 그리고 창세기 1장에 "세상을 정복하고 다스리라"는 문화 명령과의 깊은 연관성을 가진다. 그래서 나는 의의 길을 말씀과 기도, 교제와 사랑, 전도와 양육, 전문성의 개발이라는 4가지 차원에서 제시한다. 이를 한 가지로 단순화시키면 '하나님의 사람을 키우는 것'이다. 이는 마태복음 28장 18-20절 말씀의 핵심인 "모든 족속으로 제자를 삼으라"라는 주님의 뜻과 일치한다. 그래서 나는 모든 것을 단순화시켜 '사람을 키우는 것'이 내게 부여된 의의 길이 라는 확신이 들었다.

암 환자들이 물밀듯이 밀려들어왔다. 한 달에 50명에서

100명… 300명… 800명…1,300명까지… 이대로 가다간 내가 먼저 스트레스에 묻혀 무너질 것 같았다. 그러다 보니 방향 점검을 할 수 있는 여유가 없고 다른 일은 엉망이었다. 암 환자를 보다 보면 스스로 절망적 감정에 전염되는 경우가 많다. 그들의 고통에 일일이 감정적으로 공감하다 보면 지탱하기 어려운 순간이 닥친다. 그래서 하루 100명의 암 환자를 보는 날은 하루에 7-8번 정도 침대에 누워 있어야 진료가 가능하다. 그 정도로 암 환자와의 씨름은 힘든 일이다. 이 일을 혼자 다 하다간 먼저 죽겠다는 생각이 들었다. 그래서 생각한 것이 다른 의사를 세워 나와 똑같은 역할을 하도록 훈련하면 되겠다는 생각이 들었다. 내가 한 달에 1,000명을 볼수 있다면 1년이면 기껏 12,000명인데… 의사 5명을 세우면 한 달에 5,000명, 1년이면 60,000명을 치료할 수 있는 것이 아닌가. 그러면 생산성도 높아지고… 나는 직접 환자를 보지 않더라도 좋은 의사를 키우는 리더로 최고의 보람을 느끼며 여유를 누릴 수가 있다… 이런 생각이 들면서 어느 날 리더십의 실체를 깨닫게 된 것이다. 혼자 다 하려고 했던 과거의 무모함을 인식하기 시작한 것이다.

그래서 병원에 좋은 의사 선생님들을 모시고 많은 영역을 위임하기 시작했다. 그러고 나니 말씀 사역에 전념할 수 있는 여유가 생기기 시작했다. 비즈니스 영역과 사랑의 봉사단도 좋은 분들에게 위임하고 나니 마음이 한층 가벼워졌다. 오히려 부담 없이 섬길 수 있어 좋았다. 책임을 맡은 분들은 그분들대로 성취감을 느끼며 일을 하고 나는 내가 해야 할 일, 즉 가장 중요한 일에 몰두할 수 있게 된 것이다. 가장 하고 싶어하는 일을 마음껏 할 수 있는 행복! 이 행복을 누리려면 권한 위임과 사람을 키우는 결단이 필요하다. 이제는 다른 리더들이 같은 비전 가운데 제 역량을 100% 발휘하도록 돕는 것이 가장 중요한 일과가 되었다. 리더를 키우는 기쁨은 체험해 본 사람만이 안다.

리더십의 본질은 다른 사람을 주님이 원하는 사람이 되도록 섬기는 것이다. 그를 행복하게 해주고 풍성한 삶을 누리도록 해주는 것이 리더의 역할이다. 궁극적으로는 그를 나보다 훌륭한 리더로 만드는 것이다. 리더는 리더 빌더(leader builder)이다. 예수님은 어부인 베드로와 요한을 위대한 사도로 빚으셨다. 우리는 모든 것을 혼자 처리하는 똑부(똑똑하고 부지런한 사람)보다 과감하게 위임하고 사람을 키우는 똑게(똑똑하고 게으른 사람)가 되어야 한다. 내가 없으면 안 되는 사역은 좋은 모델이 될 수 없다. 내가 없어도 굴러가는 시스템을 구축하고… 이 시스템에 의해 리더가 길러지고 지속적으로 성장하는 모델이 필요하다. 개인의 역량에 의존하는 사역은 오래 가지 못한다. 이제는 작은 야망을 버리고 하나님의 동역자가 되어 '섬기는 리더십(servant leadership)'을 발휘해야 한다.

세상 속에서 섬기는 리더십을 발휘하려면 먼저 '사랑의 거인'이 되어야 한다. 모든 대인 관계를 치유하고 회복시키는 전문가가 되어야 한다. 이른바 탁월한 '관계 회복의 대가'가 되어야 한다. 관계 치유의 핵심은 내가 먼저 변화하는 것이다. 그리고 내가 모델이 되는 것이다. 그리고 때에 따라서는 헬퍼(돕는 이)로서 만족하는 것이다. 그리고 1년에 한 번 멘토(인생의 스승, 격려자)로서 만족할 수도 있다. 의의 길은 사람을 세우는 길이다. 모든 사람을 최고로 행복한 사람으로 만드는 비전에 충실하라. 그것이 곧 의의 길을 가는 것이다.

토털 리더십과 평신도 시대

이제는 영적 리더십만으론 안 된다. 세상을 변화시키는 리더십이 필요하다. 복음이 교회에 머물러 있지 않고 세상을 향해 외쳐지려면 총체적 리더십이어야 한다. 모든 삶의 영역에서 다른 사람의 삶을 윤택하게 해주는 전천후 리더십, 토털 리더십이 필요한 시기이다. 어느 곳에 가든지 무슨 일을 하든지 그들을 사랑하고 섬길 수 있는 영성과 인격적 역량, 정서적 능력을 갖추어야 한다. 사도 바울이 자비량 선교를 했던 이유가 단순히 '선교비'를 충당하려고 했던 것만이 아니다. 직업인으로서 세상 속에 영향력을 발휘하여 전도의 접촉점으로 삼았던 숨은 이유가 있다. 이제는 평신도의 시대가 되어야 한다. 무수한 평신도 선교사들이 나와 자비량 사역을 감당해야 한다. 교회 안에서도 평신도 설교자, 평신도 목회자 등… 평신도 사역자들이 나와 전임 목회자들과 동역을 이루어야 한다. 다음은 평신도 사역에 대해 묵상하면서 쓴 목양 일기의 한 부분이다.

"지난 주 모닝 와치(새벽 기도회)를 마치고 전 교인 수양회를 서산에서 가졌다. 서산 사랑의클리닉이 오픈되면서 서산 시대가 개막된 것에도 흥분이 되었지만 오후에 성도들과 같이 말씀을 나눌 때 더욱 큰 은혜와 감격이 있었다. 세계적인 교회 성장 프로그램인 NCD 교육을 나누었는데 그 내용 중에서 내 마음을 확신 가운데 시원케 한 부분들이 있었다. "성직에 대한 패러다임을 전환하라" "목사가 성직이면 다른 직업도 성직이다" "평신도와 사역자의 구분은 예수 그리스도와 사도들의 사고 속에는 존재하지 않았다" "『기독교 강요』라는 불후의 신학서는 칼빈이 평신도일 때 저술한 역작이다" "우리가 생각하는 평신도 개념은 암흑시대의 산물이며 성경적이 아닌 철저히 세속적인 개념이다"

구약 시대에도 보면 위대한 하나님의 사람들은 거의가 다 평신도였다. 레위지파나 제사장 중에서는 위대한 인물이 별로 없다. 사실 평신도라는 말은 성경에 나오지 않는다. 오직 하나님의 사람이 있을 뿐이다. 사도행전에서는 제자라고 했고 초대교회 크리스천들은 성도라고 불리는 것을 최고의 영광으로 알았다. 옥한흠 목사님의 저서에 보면 사도적 교회란 성령이 임재하셔서 역사하시는 교회를 지칭하며, 사도적 가르침이란 누가 가르치든 관계없이 성령의 권능으로 가르치는 것이라고 한 어느 신학자의 말을 빌려 쓰고 있다. 사도적 삶이란 보내심을 받은 자로서 성령의 권능을 가지고 세상을 변화시키는 삶을 뜻한다. 그런 의미에서 평신도야 말로 사도적 삶을 살 수 있는 가장 유리한 위치에 있는 것이다. 21세기의 사도들은 바로 삶의 현장에 성령의 권능으로 복음을 전하는 평신도들이다.

나는 어느 목사님의 이야기를 잊을 수 없다. "목사가 변하면 교회가 변하지만 평신도가 변하면 세계가 변한다." 평신도들이여, 21세기 사도들이여, 이제는 성도라는 성직을 자랑스럽게 여기고 세상을 변화시키자. 하나님의 말씀으로, 성령의 권능으로 현장을 변화시키는 사도적 삶을 살아 가자.

나는 우리 교회의 모든 성도들이 순도 100%의 말씀과 기도와 사랑으로 세상의 빛이 되어 영적인 감동을 주고 영적 권능의 실제를 보여주는 평신도 사역자들이 되기를 기대해 본다.

"
내가 사망의 음침한 골짜기를 다닐지라도
해를 두려워하지 않을 것은
주께서 나와 함께 하심이라
"

치유의 다음 단계는 강한 훈련이다. 그래야 다시 치유 받아야 하는 상황에 빠져들지 않는다. 강한 훈련을 받는 것은 고통스럽지만 희열이 있다. 나는 3사관 학교에서 장교 훈련을 받으면서 평생 잊을 수 없는 화끈한 훈련을 했던 경북 영천의 화산 유격장이 잊혀지지 않는다. 눈 녹은 진흙밭에서 몇 시간 동안 시행했던 PT 체조. 군대 갔다 온 사람이면 누구나 PT 체조에 치를 떤다. 나는 유격 훈련 전에 PT 체조를 왜 하는지 알지 못했다. 온몸의 힘을 다 소진시키는 PT 체조… 그래야 정신 집중이 되고 체력이 아닌 정신력으로 불가능에 도전할 수 있다는 것이다. 딴생각을 못하고 오직 목표에만 집중시키는 훈련. 주님께서 우리를 사망의 음침한 골짜기로 인도하시는 이유가 여기 있다. 오직 주님께만 집중시키려는 배려… 내 힘이 아닌 주님의 능력으로만 문제 해결이 가능한 상황 속에 가두어 두신다… 우리를 강한 군사로 훈련하기 위해서!

말씀대로 순종해서 의의 길을 가는 사람도 사망의 음침한 골짜기를 걸을 수 있다. 신앙 생활을 제대로 안 해서 문제를 만난 것이 아니다. 주님이 사랑하지 않아서 고통에 직면하는 것이 아니라는 것이다. 우리를 자유케 하는 이 말씀! 누구나 사망의 골짜기를 통과할 수 있다. 내가 원하지 않는 길로 갈 수 있다는 것이다. 하나님의 자녀도 고통에서 면제되지 않는다. 하나님의 사람에게 예비된 길은 평탄한 길이 아닐 수도 있다. 문제는 주님과의 절대 신뢰 관계가 형성되느냐의 문제이다. 환경을 초월한 신뢰 관계가 바로 영성의 핵심이다. 그래서 영성 신학자들은 영성을 '자기 초월 능력' '역경 극복 능력'으로 정의하기도 한다.

꿈의학교

꿈의학교를 처음 들은 것은 어느 해 8월 미국에서의 일이다. 마침 취재차 왔던 국민일보의 이태형 기자를 통해 이 학교를 소개받고 큰 관심을 가졌다. 한 번 들었는데 흘려버려지지 않고 은근한 기대감과 더불어 좋은 예감이 들었다. 일간지에 소개된 꿈의학교에 대한 기사도 큰 도전이 되었고 거기다 아내가 학교 설명회에 참석하여 격렬한 토론을 벌인 끝에 의찬이를 꿈의학교에 보내기로 했으니… 의찬이 스스로는 초등학교 졸업반이고 장래를 결정해야 하는 시점이라 신중할 수밖에 없었다. 어쨌든 우여곡절 끝에 의찬이를 2주간의 독서 캠프에 보냈다. 거의 반강제적인 참가였다. 가족 모두가 걱정을 했다. 1주일만에 날아온 본인의 편지를 보자 우리는 우리의 시도가 실패했다고 생각했다. '혹시나'가 '역시나'로 바뀌는 순간이었다. 그 편지의 요지는 "엄마, 이 캠프에서 도저히 견딜 수 없으니 수단과 방법을 가리지 말고 나를 빼주세요"였다. 정말 안타까울 수밖에 없었다. 아마 욕구 조절 훈련인 금식과 행군이 의찬이를 질리게 했던 것 같다. 그런데 그다음 번에 날아온 편지가 우리 모두를 감격케 했다.

그 편지의 제목은 '사람은 변해야 합니다'였고, 사람은 고난을 통과해야 위대한 사람이 될 수 있다는 자신감이 글자마다 총총히 배어 있었다. 자신이 새로운 꿈을 꾸기 시작 했다는 것과 앞으로 자신은 어떤 어려움이 있어도 굴하지 않고 덕과 꿈과 실력을 갖춘 사람으로 변화되겠다는 열의가 대단했다. 정말 놀라운 일이 아닐 수 없었다. 그 자체가 변화라고는 볼 수 없으나 일단 변화에 대한 계기가 된 것은 확실했다. 가족들의 기쁨도 기쁨이려니와 객관적인 측면에서 고난에 대한 아이의 관점이 바뀐 것은 아이의 장래를 생각할 때 큰 수확이었다. "아 이제는 의찬이에게 소망이 있구나" 하는 생각이 들었다.

꿈의학교에 입학해서도 의찬이는 약간의 굴곡이 있긴 했어도 계속 성숙한 모습을 보이며 자신의 길을 개척해 갔다. 1년 동안 꿈의학습을 터득한 의찬이는 지금 미국에서 탁월한 실력을 발휘하며 자신감 있게 학업에 열중하고 있다. 육신의 자녀에게도 고난은 성장의 비타민인데 하물며 하나님의 자녀에게는 말할 나위가 없으리라. 다음은 그가 꿈의학교에 있을 동안에 보내왔던 편지의 내용들이다.

"이제 어느 정도 적응이 된 것 같아요. 여기에 안 오겠다고 애쓴 게 조금 후회가 되기도 해요. 내가 세 번이나 죽다 살았다고 했죠. 죽을 뻔했는데 하나님이 날 쓰시기 위해… 여기서 훌륭한 사람이 되려고 노력 중이에요. 조금 힘들긴 해요. 하지만 힘든 것은 훌륭한 사람이 되기 위해 거쳐야지요. 뭐." "내가 집에 있을 때 너무 엄마한테 소홀히 대해 주어서 후회가 되네요. 다음에 올 땐 좀더 성숙한 모습으로 나타나 보지요. 저를 위해 열심히 기도해 주세요." "빨리 여자친구 사귀고 싶은데 못 사귀게 하니까 별로 재미가 없는 것 같아요. 그래도 여기 누나나 내 또래가 다 좋은 분 같아서 행복해요." "저는 독서도 예전보다 열심히 하니깐 기대하세요. 내가 존경하는 위인들 중에 실제로 가까이에 있는 아빠가 제일 존경스럽네요."

미국의 경제 잡지 포춘지는 최고 경영자(CEO) 중 89%가 '사업상의 위기는 죽음이나 세금처럼 피할 수 없는 것'이라는 인식을 갖고 있다고 했다. 사업을 해도 위기는 자연스러운 것, 또는 당연한 것이라고 여겨진다면 하나님의 사역을 감당하는 우리에게 고통은 더욱 자연스러운 것이 아닐까. 고통의 순간은 반드시 찾아온다. 그리고 그 고통에는 반드시 끝이 있다. 이것이 성경이 말하는 메시지이다. 참된 신앙은 고통을 잊게 해주는 진통제가 아니라 고통을 이길 수 있게 해주는 면역 증강제이다. C.S. 루이스는 "하나님은 우리에게 고통이 없기를 원하지 않는다. 다만 사랑할 줄 아는 사람이 되기를 원하신다"고 했다. 그는 우리가 인간의 고통을 깊이 이해하고 공감할 수 있는 사랑의 거인이 되기를 원하신다. 그는 우리가 성공하는 사람보다는 다른 사람을 세워주고 행복하게 해주는 중요한 사람, 영향력 있는 사람이 되기를 원하신다. 인간 이해의 폭과 깊이를 갖춘 아름다운 인격을 갖추기를 원하신다.

진짜기도를 체험할 때

사망의 음침한 골짜기를 통과할 때 진짜기도가 나온다. 그 상황이 되어야 기도가 진지해지기 시작한다. 진짜 내가 원하는 것이 무엇인지 명백하게 드러난다. 고통 속에서 비전이 더욱 확실해지고 깊어진다. 주님이 인도하시는 등대의 불빛이 더욱 선명해진다. 사람이 왜 게을러지는가. 비전과 열정이 없기 때문이다. 인간의 게으름에 대한 처방은 부지런에 대한 결심이 아니라 내 안에 있는 불꽃을 발견하는 것이다. 평탄한 길에서는 이기심과 야망이 빛을 발하지만 고통 속에서 비전과 열정이 불타오른다. 고통은 하나님의 메가폰이다. 보통 때는 희미하게 들리는 하나님의 말씀이 고통을 받을 때는 엄청나게 큰 소리로 내게 들려지는 것이다. 불같은 말씀으로 방망이의 충격으로 내게 들려지는 것이다. "내 말이 불같지 아니하냐 반석을 쳐서 부스러뜨리는 방망이 같지 아니하냐."

의대 본과 1학년 때의 일이다. 어머니가 경영하시던 제과점이 경영 악화로 부도가 났다. 문제는 채권자들이 어머니를 끌고 기숙사로 몰려온 것이다. "너희 집은 이제 끝장 났으니 소망이 없고 네가 의사가 되면 대신 갚아라"는 것이었다. 그래서 약속 어음을 쓸 것을 요구했다. 울고 있는 어머니가 너무 불쌍해 어음을 써줄 수밖에 없었다. 3년 후 의사가 되자마자 채권자들은 그 어음에 명시된 돈을 받기 위해 민사 소송을 제기했다. 전공의 시절 월급이라야 40-50만원 정도인데 수천 만원의 채무 이행을 요구한 것이다. 재판중 증인으로 나오셨던 어머니가 "너희들이 어찌 내 아들에게 이럴 수가 있느냐, 빚진 당사자도 아닌데…" 하고 부르짖다가 실신을 하셨다. 나는 속으로 "어찌 이런 일이 제게… 정말 일어나지 않기를 바라던 일이 내게 생기다니… 오 주여!" 하며 깊이 탄식했다. 이 일을 계기로 주님이 주신 교훈이 많았다. '인생은 준엄한 것이다' '빚은 반드시 청산되어야 한다' '심은 대로 거둔다' '불행과 행복은 물려 받을 수도 있다'… 그리고 이 고통의 순간에 주님 주신 꿈과 비전이 더욱 깊어지고 넓어지고 확고해짐을 체험할 수가 있었다.

수원에서 세계적인 테너인 보첼리의 음악회가 있었다. 조수미와 정명훈이 함께한 이 음악회는 내게 큰 감동을 주었다. 12살 때 사고로 시각장애인이 된 보첼리, 그 후 그는 그 역경을 넉넉하게 극복하고 법학 박사와 변호사가 되었다. 평소에 아마추어로 성악을 했던 그가 우연히 루치아노 파파로티의 대타로 무대에 섰다가 그만 가능성을 인정받아 버린 것이다. 이 일을 계기로 성악가로 본격 데뷔하여 이제 세계적으로 이름을 날리게 된 것이다. 나는 보첼리의 음성을 잊을 수가 없다. 깊은 영혼의 세계에서 울려 나오는 맑은 소리… 다른 사람이 경험할 수 없는 고통의 심연에서 나오는 아름다운 음색… 이 소리는 그가 시각 장애인이기에 가능하지 않았을까. 마치 중년에 청각 장애인으로 불후의 명작을 발표한 악성 베토벤의 음악성을 재현한 것 같았다.

서산에는 우리 공동체에서 운영하는 사랑의병원이 있

다. 거기에는 극심한 고통 가운데 몇 년동안 매일같이 철야 기도를 하셨다는 권사님이 계신다. 그 영혼의 맑음… 깊은 감사… 섬김의 삶을 잊지 못한다. 아프리카의 감비아에서 사역하시는 이재환 선교사님을 뵐 때마다 그 해맑은 얼굴을 잊지 못한다. 고난의 현장에서 빚어낸 주님의 작품이다. 대학 시절 즐겨 찾던 영혼의 고향 예수원… 미국에서 강원도 산골짝으로 파송 받은 영적 거인… 그 어려운 환경에서 40여년 동안 사역하시는 토레이 신부님의 천진난만한 미소와 맑은 눈동자를 잊을 수 없다. 고난은 하나님의 사람을 만든다. 하나님의 사람은 고난을 두려워하지 않는다. 하나님의 사람은 사망의 음침한 골짜기를 두려워하지 않는다. 험악한 환경과 위기의식 가운데 강한 영성이 길러진다.

위기의식이 없으면 사람은 성장하지 못한다. 불확실성은 창조적 긴장을 유발한다. 창조적 긴장은 스스로 걸작품을 만들어 왔다. 문제의식이 없으면 반드시 망한다. 우리에겐 항상 절박한 기도가 있어야 한다. 줄기차게 가난한 심령이 유지되어야 지속적으로 은혜 받을 수 있다. 시냇가에 심은 나무가 시절을 좇아 과실을 맺는 비결은 뿌리에 있다. 뿌리가 줄기차게 물과 영양분을 흡수해야 풍성한 열매를 유지할 수 있다. 주님은 영적 자만과 풍요 속에 찌들어버린 라오디게아 교회를 향하여 "네가 이같이 미지근하여 더웁지도 아니하고 차지도 아니하니 내 입에서 토하여 내치리라"고 하셨다. 참 변화는 위기의식에서 온다.

암을 친구 삼아라

독일에서 암의 면역 요법과 전인 치료 의학을 공부할 때의 일이다. 암 환자를 위한 잡지의 제목이 특이했다. 독일어로 '레벤스 미트 크랩'인데 우리말로는 '암과 더불어 사는 삶'이라는 제목이다. 암의 특성 중의 하나는 '완치가 어렵다'는 것이다. 초기인 경우를 제외하고는 특성상 암을 없앤다는 개념은 적절치 않다. 많은 환자들은 '없애야 할 것'이라는 강박관념에서 암을 상대하므로 '수술 불가'나 '재발'의 판정을 받으면 좌절한다. 그리고 엄청난 스트레스와 정신적 혼란 속에 몸부림친다. 그러다 보니 암이 빨리 자라고 전이가 잘 되는 양상이 전개된다. 그래서 처음부터 암을 친구 삼는 것이 암을 극복하는 비결이다. 암을 적으로 간주해서 대결로 몰아가지 말라. 느긋한 마음으로 치료하면 훨씬 치료율이 높고 암이 잘 자라지 않는다. 암을 친구 삼으면 오랫동안 공생이 가능하다는 말이다.

고통도 마찬가지다. 어차피 당해야 할 고통이라면 피할 필요가 없다. 피한다고 피해지는 것도 아니다. 정면 대결을 하라. 헨리 나우엔은 하버드 대학의 영성 신학 교수로 있다가 모든 것을 버리고 지체 장애자 수용 시설인 토론토의 '라르쉬 공동체'에서 일생을 마쳤다. 나는 토론토 집회 중 우연히 그 공동체를 방문했다가 그의 발자취와 자발적 고난의 삶을 만끽할 수 있었다. 그가 한 유명한 말 중 "고통을 피하지 말고 견뎌냄으로 고통의 힘이 사라지게 해야 한다"라는 구절이 잊혀지지 않는다. 피할 수 없는 고통이라면 그 고통을 사랑하는 법을 배워라. 그 상황을 품고 감사하라. 그 환경을 친구 삼으라.

내가 즐기는 건강법 중 '온냉 교대법'이라는 것이 있다. 약 43도의 따뜻한 물에 3분 정도 담그고 있다가 찬물에 들어가면 별로 차갑게 느껴지지 않는다. 몇 차례 온냉 교대를 반복하다 보면 언제 차갑게 느꼈을까 할 정도로 시원한 물이 된다. 사우나의 원리도 동일하다. 영적으로도 마찬가지다. 고통의 골짜기를 몇 차례 통과하다 보면 웬만한 어려움 쯤은 고통으로 여기지 않게 된다. 큰 시험을 몇 차례 겪다 보면 웬만한 유혹이나 시험에 끄떡없게 된다. 강한 체질로 바뀌려면 고난의 세례는 필수적이다. 강력한 면역 체계를 유지하려면 질병에 폭로되어야 한다. 이제 우리에게는 강한 군사가 필요하다. 용장이신 하나님을 믿는 우리가 약졸로 머물러 있을 순 없다. 용장 밑에 약졸이 없기 때문이다.

대통령 전용 병원에 근무할 때의 일이다. 고향집에서 숙모님으로부터 전화를 받았다. "어머니가 쓰러져 말을 못하시니 빨리 내려 오라"는 전갈이었다. 청천벽력과 같은 소리였다. 고통과 상처 속에서 생을 보내신 어머니가 이제 살만한 때가 되어 갑자기 쓰러지시다니… "안 돼"를 소리치며 시속 150킬로미터로 승용차의 페달을 밟았다. 4시간 만에 집에 도착하니 심각한 상황이었다. 후천성 간질이었다. 뇌졸중은 아니고 뇌에 이상이 생긴 건 분명했다. 근처의 병원에선 치료가 어려울 것 같아 곧바로 어머니를 모시고 다시 전속력으로 서울을 향해 달렸다. 한 손으로 운전대를 잡고 한 손으론 5분에 한 번씩 간질 증세를 보이시는 어머니의 손을 잡고 절박한 기도를 드렸다. 난치병이었던 어머니의 증세가 없어진 것은 그후 3개월 만이었다. 거의 기적과 같은 일이었다. 완치라니… 의사로서 믿지 못할 일이었다. 그 처절한 기도를 주님이 응답하신 것이다. 기도는 체험해 본 사람만이 안다. 그 사건을 통해 믿음이 더욱 견고해졌음은 말할 필요가 없다. 주님은 우리를 위해 영적 온냉 교대법을 종종 시행하신다.

치열함을 사랑하라

작년 뉴욕 집회를 할 때였다. 브로드웨이에서 최장기 공연 뮤지컬인 '레미제라블'을 감상했다. 그 생생한 뮤지컬을 보고 큰 감동과 격정에 휩싸였다. 그 이름 장발장… 그 치열한 생애… 처절한 아픔과 고통을 통해 위대한 성취의 사람, 사랑의 거인으로 변화되어 간 인물… 그렇다. 어차피 한 번 살 인생이라면 치열한 것이 좋지 않을까. 사망의 음침한 골짜기를 통과하는 치열한 삶… 우리에게 펼쳐진 광활한 무대이다. 대충 살아가는 인생이 아니라 충만하게 살아 있는 인생은 그 자체가 하나님 앞에 소중한 법이다. 치열한 삶의 현장에서 주님의 뜻대로 살아보겠다는 몸부림… 살아 있는 기도, 감격스런 예배, 강한 믿음… 고통의 현장에서 피어 나는 사랑과 평강과 기쁨… 어두움의 현장에서 빛을 발하는 감격… 치열한 상처의 현장에서 뿜어

나오는 찬양과 경배… 도저히 감사할 수 없는 상황에서 터져 나오는 감사… 사랑은 상처받기로 결단하는 것이다. 삶은 치열할수록 은혜가 넘치는 법이다. 어쩐 일인지 평탄한 삶에선 감동이 없다.

전혀 예상 못한 문제가 터질 때야말로 기도의 찬스이다. 그때마다 기도의 열정에 불을 붙이시는 주님의 강한 손이 느껴진다. 의욕이 살아나는 것이 아닌가. 한참 기도하다 보면 두려움이 없어진다. 담대함이 생겨난다. 기도를 통해 살아 계신 주님의 실재와 접하고 나면 두려움은 자취를 감춘다. 영적 싸움에서 이미 이겼다는 확신이 든다. 나는 그러한 역전극을 경험할 때가 종종 있다. 문제 해결을 위해 기도하기 전 이미 미래의 승리를 확신하게 된다. 그리고 문제를 환영하게 된다. 주께서 나와 함께 하심이라. 주의 지팡이와 막대기가 나를 안위하시나이다. 오! 놀라운 주님의 능력… 능력의 주님을 체험해야 주의 증인이 된다.

"
주의 지팡이와 막대기가
나를 안위하시나이다
"

동아프리카의 목동이었던 필립 켈러는 후에 캐나다에서 토양학자로, 평신도 설교자로 헌신하였는데 그가 얻었던 산 체험에서 시편 23편을 바라보고 그 감동을 책으로 펴낸 바 있다. 그는 목동으로서의 경험을 살려 사망의 음침한 골짜기로 통과해야 할 이유와 그 길로 양을 인도하는 데에 필요한 막대기와 지팡이의 용도를 기술했는데 그 내용이 참으로 흥미롭다. 양들을 산 밑에 있는 본부 목양장에서 고지대에 있는 방목장으로 이동시키는 이 시기는 양떼들이 전적으로 목자와 더불어 지내는 기간이라는 것이다. 이 기간에 양들은 목자와 더불어 친밀한 접촉을 가지며 밤낮으로 목자의 집중적인 주목을 받게 된다는 것이다. 가장 치열한 삶의 현장에서 목자의 임재를 깊이 체험하게 되는 것이다.

그는 양들이 험한 골짜기로 통과해야 할 이유에 대해 '양들이 정상을 향해 올라가기에 가장 좋은 길은 골짜기를 따라 난 길이다— 이 길은 위험하긴 하지만 사실상 양들을 위한 고속도로이다' '골짜기 길은 여정 내내 신선한 물과 영양가 있는 풍성한 꼴을 찾을 수 있는 길이다' 라고 기술하고 있다. 그 길을 가는 동안 반드시 목자의 집중된 보살핌이 필요한데 그것은 막대기와 지팡이로 묘사된다고 한다. 즉 막대기는 목자의 권세를 나타내는 상징이자 징계의 수단이면서 위험에 처했을 때는 양떼를 지키는 무기라는 것이다. 그리고 지팡이는 대열에서 낙오된 양들을 친밀한 관계 안으로 끌어 모으는 역할, 양들의 옆구리에 지팡이를 대고 접촉함으로 원하는 방향으로 인도하는 역할을 한다는 것이다. 이 모든 것이 최상의 꼴을 먹이려는 양들을 위한 목자의 결단이요, 세심한 배려와 보살핌을 위한 열정임을 짐작할 수 있으리라.

가장 험한 인생의 골짜기에서 임마누엘이신 주님을 체험하라. 삶의 치열한 현장에서 주님의 임재를 체험하라. 그러면 상황은 어려울수록 좋다. 엘리야는 기도하기 전 장작 위에 물을 네 통이나 부었다. 하나님이 불을 내리신다면 마른 장작이든 물에 적신 장작이든 관계없다는 확고한 믿음 때문이었다. 불가능한 상황일수록 하나님의 능력의 지극히 크심을 체험할 수 있는 찬스가 아닌가. 평범한 어부인 베드로를 들어서 대사도로 변화시킨 주님. 가장 연약한 자들을 뽑아서 훈련시키시고 "가서 온 족속으로 제자 삼으라"는 월드 비전을 주신 주님. 절대로 재벌이 될 수 없는 사람이 주님만 의지하고 재벌이 됐다면 영광은 주님이 받으신다. 절대로 노벨상을 받을 수 없는 열악한 실험실에서 연구하던 사람이 주님만 의지하고 노벨상을 받았다면 주님이 영광을 받으신다. 절대로 변화될 수 없는 아이들이 주님의 은혜로 변화되어 위대한 인물이 되었다면 영광은 오직 주님의 것이다. 불리할수록 좋다. 우리의 연약함을 통해 세계를 변화시키려는 주님. 그 주님을 체험하자. 나라고 이렇게만 살란 법이 있는가. 누구는 그 은혜의 반열에서 최고의 감격을 누리고 사역하는데… 나라고 이대로 주저앉을 수는 없는 일이 아닌가. 나도 그 은혜를 누리게 하옵소서.

신분 확인 작업

　기도의 본질은 '주께서 나와 함께 하심'을 확인하는 것이다. 기도는 '자녀로서의 신분 확인' 작업이다. 기도는 은혜의 개입을 전제로 한다. 기도는 주의 막대기와 지팡이를 체험하는 과정이다. 기도는 주님의 '간섭하시는 사랑'을 확인 하는 작업이다. 그 사랑과 은혜를 체험할수록 전인격의 회복이 가속화된다. 병든 자아가 치유되는 역사가 일어난다. 깊은 기도를 하면 내적 치유가 가속화되고 풍부한 감성을 가지게 된다. 그리고 기도를 통해 영적 통찰력과 분별력을 얻게 된다. 지혜의 근원이신 주님과 깊이 교제하다 보면 지혜로운 자가 된다. 성공적인 삶을 살 수 있는 지적 토대가 구축된다. 그리고 기도를 통해 영적 전투력을 회복하게 된다. 결단할 수 있는 용기가 생기고 승리의 확신이 생긴다. 영적으로 담대해지고 두려움이 없어진다. 기도는 우리의 지, 정, 의를 새롭게 해준다.

교회를 개척한 몇 달 후인 2000년 벽두에 나는 성도들과 더불어 40일 모닝 와치(특별 아침 기도회)를 시작했다. 전 성도들이 참석할 수 있도록 시작 시간을 6시로 조정했다. 그 40일 동안 받은 은혜는 말로 표현할 길이 없다. 그토록 기도에 대해 강의하고 설교했건만 정작 기도의 본질에 대해 내 스스로 체험한 것은 바로 그 기간이었다. 신앙은 체험이며 제자 훈련은 강의나 프로그램으로 되어지지 않는 것이다. 가장 성경적인 제자 훈련은 주님의 은혜를 같이 체험하는 것이다. 당시 체험했던 은혜를 기록한 글이다.

"지난주부터 시작된 뉴밀레니엄 모닝 와치의 열기가 뜨겁다. 전 성도들이 주님 앞에 나와 무릎 꿇고 기도하는 모습이 아름답기 그지없다. 사실 나는 기도에 자신이 없다. 5분이나 10분 정도 기도하고 나면 다른 생각이 들어 기도에 방해가 되는 경우가 비일비재했다. 나는 비교적 생각이 많고 창조적인 아이디어가 자주 번득번득 떠오르는 편이라

오래 기도하는 체질이 못된다. 사실 사역자로서 기도라는 벽을 극복하지 못하면 쓰임 받기가 어렵다는 것은 자명하다. 그리고 이제 막 태동한 교회가 꿈과 비전에 걸맞은 살아 있는 기도 없이 부흥할 수 없는 것이다. 게다가 계속 어려운 문제로 고통받는 성도들을 기도를 통해 문제 극복이 가능한 환경으로 만들어 주는 것이 얼마나 절실한가. 치열한 삶의 현장에서 선포된 말씀대로 승리의 삶을 살려면 기도가 뒷받침되어야 한다.

첫날부터 기도의 은혜가 임하기 시작했다. 한참 기도하다보니 30분이 넘어버린 것이다. 특히 성도들 한 분 한 분을 놓고 간절히 기도하다보니 나도 모르게 기도에 푹 젖게 되었다. 정말 주님의 은혜가 아닐 수 없다. 기도의 꽃은 중보 기도이다. 우리가 가족이나 성도나 이웃들에게 베풀 수 있는 최고의 사랑은 그들을 위해 기도하는 것이다. 최고의 전도도 주변의 불신자들의 명단을 만들어 기도하는 것이다. 기도하면 그들이 부드럽게 되어 마음 문이 열리게 되어 있다. 말씀을 생활화하는 비결도 말씀을 붙들고 기도하는 것이다.

한참 기도하다보니 우리 교회의 올해 목표가 너무 왜소하게 느껴졌다. 이렇게 시시한 목표를 설정한다는 것은 하나님 없이 사역하겠다는 발상이나 마찬가지가 아닐까. 살아 계신 하나님의 권능이 함께 하면 어떤 역사가 일어날지 아무도 모른다. 그래서 아예 목표를 상향 조정해서 크게 기도하기로 작정했다. 아무리 생각해도 "하나님이 하셨다. 오직 하나님께만 영광"이라고 고백할 수 있는 크고 비밀한 역사가 일어나길 기대해 본다. "오직 주님으로. 오직 말씀으로. 오직 은혜로. 오직 성령의 권능으로. 오직 기도로."

통성 기도의 위력

　기도의 본질을 배우는 것은 통성 기도를 통해서이다. 영적으로 갓 태어난 어린아이는 울어야 한다. 울어야 의사소통이 된다. 통성 기도를 배우지 못한 사람은 평생 가도 기도에 힘이 없다. 태어나서 울어보지 못한 아이는 말을 배울 수 없다. 대화를 배우기 전에 일단 의사 표시를 명확히 하는 것이 중요하다. 통성 기도는 잡념을 없애 준다. 무엇을 구하는지 목표가 명확해진다. 부르짖다보면 기도의 근육이 생기고 점점 풍성해진다. 어느 시점에 가면 저절로 기도가 되기 시작한다. 문제가 생기면 주님 앞에 나가 부르짖는 기도를 해야 한다. 생존의 문제가 생기면 부르짖는 수밖에 없다. 부르짖을 때 주님께서 말씀하신다. "왜 이제 왔느냐, 너와 나눌 대화가 얼마나 많았는데… 너를 위한 놀라운 계획이 있단다." "너는 내게 부르짖으라 내가 네게 응답하겠고 네가 알지 못하는 크고 비밀한 일을 네게 보이리라."

1단계에만 머무르면 기도 생활에 맥이 빠진다. 즉 생존의 문제가 없어지면 기도를 안 하게 된다. 절박한 상황이 있을 때만 기도하는 것을 나는 '생리적인 기도'라고 한다. 어린아이가 배가 고플 때만 울기 때문이다. 2단계의 기도는 삶을 나누는 것이다. 오늘 하루 중 무슨 일이 있었는지를 아뢰는 것이다. 이 경우 오늘 하루 일을 조용히 묵상만 해도 기도가 된다. 부부간에 비교적 대화가 있는 경우 '오늘 나에게 무슨 일이 있었는가…' 서로의 일을 보고하는 경우가 많다. 잔잔한 대화… 묵상… 나눔의 시간들…주님께 보고하는 기도… 결재를 올리는 기도… 사후 보고하는 기도가 2단계의 기도이다. 기도의 성장은 대화의 성장이다. 즉 할 말이 많아지는 것이다. 기도의 식욕이 왕성한 사람은 영적으로 건강한 사람이다. '많은 기도=많은 능력'의 등식은 항상 성립되지는 않지만 보편적 진실이다. 기도를 많이 한다고 항상 능력 있는 삶을 사는 것은 아니다. 그러나 능력 있는 분들은 기도를 많이 하는 분들이다.

기도의 3단계는 생각과 감정을 나누는 일이다. 기도는 영적인 미사여구를 나열하는 것이 아니다. 자신의 솔직한 감정을 주님께 토로하는 것이다. 개방성과 투명성이 기도의 생명이다. 부부간에 자신의 감정을 교환한다면 풍성한 관계의 증거이다. 저녁놀과 봄 날씨에 대한 감흥을 이야기할 수 있는 부부는 상당한 수준이다. 배우자의 사소한 실수로 인해 생긴 상처를 이야기할 수 있다면 대단한 관계이다. 자신의 감정 변화를 자연스럽게 표출할 수 있는 부부… 마찬가지로 주님 앞에 정직해야 한다. 고통의 감정, 증오의 감정, 섭섭함의 감정, 실망의 감정 등… 숨길 것이 없다. "다 아시지 않습니까, 주님."이라고만 기도해도 다 아신다. "오 주님"만 반복하며 탄식하는 기도를 해도 다 알아들으신다. 거기에 자신의 생각과 가치관을 나눈다면 대단한 관계이다.

"오라 우리가 변론하자."고 말씀하시는 주님. 주님은 토론을 피하지 않으신다. 마음껏 토론하고 자신의 주장을 펴라. 언론의 자유를 보장하시는 주님이시다. 기도의 본질은 주님과의 전인격적인 만남이며 주님을 범사에 인정하려는 몸부림이다. 기도의 본질은 현장 기도이며 생활 기도이다. 삶의 현장에서 그분의 현존하심과 능력을 체험하는 것이다. 사실 나는 전통적 의미에서의 기도 시간은 매우 적다. 오히려 삶 속에서 주님의 음성을 듣고 주님을 묵상하며 주님과의 교제의 기쁨을 누리는 시간이 많다. 삶의 모든 구석구석에서 주님과의 관계에 몰입하는 것이다. 그 기쁨과 임상적 효과를 체험해 보자.

주님의 막대기

나는 신앙생활을 하면서 주님의 막대기를 경험한 적이 많다. 처음에는 막대기가 아프지만 시간이 갈수록 나를 주님의 작품으로 빚어 가시는 막대기의 위력에 감탄하곤 한다. 내가 체험한 막대기 중 가장 흔한 것은 물질적 손해와 건강의 이상이다. 물질이 슬슬 빠져나가고 빚에 시달리면 영적 경고인 경우가 많다. 아무 이유없이 몸이 아프고 컨디션이 엉망이 되면 스스로를 돌아보라고 강권하시는 영적 채찍인 경우가 많다. 그리고 대인 관계에서의 막대기는 혹독한 비판과 배신이다. 어떤 비판도 다 이유가 있다. 거기에는 억울한 면도 있지만 심판적 의미가 들어 있다. 그래서 모든 비판에 대해선 신중하게 진지하게 대처해야 한다. 그 체험은 너무도 많아 일일이 나열할 수 없을 정도이다. 중요한 것은 이 모든 막대기가 결국 폐기 처분된다는 것이다. 그 막대기에는 살아 계신 주님을 체험하고 주님의 공의를 혹독하게 체득하는 과정이 숨어 있다. 막대기가 아프기는 하지만 성장을 촉진하는 칼슘제 정도라고 해둘까. 아니면 쓰디쓴 보약? 나는 막대기를 경험할 때마다 실수가 없으신 주님, 신실하신 주님, 지독하게 나를 사랑하시는 주님을 새롭게 발견하곤 한다.

다음 글은 혹독한 비난을 받아본 다음에 처절한 내적 수용과정을 겪은 끝에 썼던 기도 편지의 내용이다.

너희 안에 이 마음을 품으라
곧 그리스도 예수의 마음이니

'그리스도 예수의 마음을 품으라'는 말의 본래 의미는 그리스도 예수의 생각을 품으라는 뜻입니다. 그분의 사고방식과 가치관을 가지라는 말입니다. 그분의 패러다임을 가지라는 말입니다. 그분의 탁월한 지성을 배우라는 말입니다. 그분의 판단력과 통찰력을 배우라는 말입니다. 그분의 시각으로 모든 것을 재해석하라는 말씀입니다. 그리고 모든 문제와 스트레스를 다루시는 그분의 인격적 반응과 구체적인 지혜를 배우라는 말입니다.

저는 요즈음 제가 가깝게 지냈던 한 형제로부터 제 생애 처음으로 받아보는 격렬한 비난(?)의 편지를 통해 가치관의 혼란을 경험한 적이 있었습니다. 그러나 저는 편지를 받는 순간 오히려 담대함과 평강을 통해 주님의 강한 임재를 체험했습니다. 스스로를 돌아볼 시간과 저의 본질적 소명에 대해 깊은 생각을 하게 되었습니다. 그리고 이 사건이 심판의 의미인지 연단의 의미인지 또한 방향 전환의 사인인지 아니면 현실 내에서의 자기 개혁과 혁신을 촉구하는 신호탄인지를 따져보게 되었습니다.

그리고는 그냥 가만히 있는 방법밖에 다른 도리가 없다는 결론을 내렸습니다. 이럴 때는 무대응이 상책입니다. 정말 희한하게도 그 형제에 대한 섭섭한 감정은 전혀 없고 기도만 될 뿐입니다. 정말 문제가 있다면 주님이 심판하실 것이고 문제가 없다면 아무리 흔들어도 아무런 영향을 줄 수 없을 것이기 때문입니다.

그리고, 저의 리더십의 부재를 생각해 봅니다. 제가 사람을 키운다는 슬로건으로 사역을 시작한 지 어언 20여년이 되어 갑니다. 특히 최근에는 월드 리더를 키워 세상을 변화시키는 전략에 전념하고 있습니다만 리더십은 무조건 남을 인정해 주고 칭찬해 주는 것, 과감하게 일을 맡기고 신뢰해 주는 것만이 아니라 결과에 대한 책임을 묻고 권한을 위임하되 한계를 명백히 하는 것이라는 것을 뼈아프게 배우게 되었습니다.

무제한적 위임은 방종과 교만을 낳고 결국 타락을 조장하는 결과를 초래하게 됩니다. 지속적으로 잘못된 길을 고집하거나 비전의 차이가 확실할 때는 과감하게 정리하는 것이 서로를 위해서 도움이 된다는 사실을 배웠습니다. 그리고 인간의 죄성을 억제하기 위한 방법으로 철저한 계약의 유용성에 대해 눈뜨게 되었습니다. 계약을 통한 상호 신뢰의 획득이 비즈니스의 영역에서 필수적이며 장기적으로 불필요한 오해와 갈등을 예방할 수 있는 최선책임을 알게 된 것입니다.

저는 '비즈니스는 비즈니스다'라는 말을 싫어합니다. 그리고 '믿음과 기도로 경영하면 다 잘 된다'는 생각에도 문제가 있다는 걸 압니다. 둘 다 살려야 합니다. 전문성과 영성이 결합된 탁월한 경영이 되지 않으면 하나님께 영광을 돌릴 수 없고 영향력을 끼질 수 없습니다. 이제는 모든 영역에서 바른 영성에 입각한 치유와 회복이 이루어져야 할 절박한 시기입니다. 특히 비즈니스, 문화, 자녀 교육, 언론 등의 영역에 기도가 집중되어야 합니다. 결국 저의 우유부단 때문에 작은 상처와 치유 가능한 관계의 손상 정도로 끝낼 수 있는 일을 오히려 더 큰 상처와 공동체의 흔들림이 라는 상황으로까지 연결지우고 말았다는 자책감이 들기도 합니다. 치유와 회복을 강조하다 보니 빈 공백이 생긴 것 같습니다. 비록 비싼 수업료를 치르고 있지만 더 견고하고 아름다운 리더십으로 열매 맺을 것을 기대해 봅니다. 마치 지독한 성장통을 앓고 있는 기분입니다. 영적 싸움의 진수를 맛보는 진기한 체험이기도 합니다.

"
주께서 내 원수의 목전에서
내게 상을 베푸시고
"

나는 생일이나 결혼기념일, 크리스마스나 부활절, 설날이나 추석이 오면 담담해진다. 그날이 되어도 별로 기다려지거나 들뜬 마음이 없다. 그 대신 평범한 하루 하루가 그냥 좋다. 나는 '축제의 삶'이라는 말을 즐겨 사용한다. 매일 매일 주님과 함께 있는 모든 날이 축제가 아닌가. 삶의 치열한 현장 속에서 베풀어 주시는 은혜 잔치의 감격을 아는가. 그 만남의 은혜… 사건의 은혜… 이 모든 것이 세상이라는 현장에서 이루어진다. 우리에겐 현실에 뿌리박은 영성이 필요하다. 현실에서 도피하지 말라. 현실을 환영하라. 그 상황에서 전심으로 주님을 기뻐하라. 원수의 목전에서… 다른 말로, 치열한 삶의 현장에서 내게 상을 베푸시는 주님. 시편 23편은 이 구절에 와서 목자이신 주님이 손님에게 풍성한 잔칫상을 베푸시는 친절한 주인으로 갑자기 바뀐다. 장면 전환이다. 어떤 성경학자는 이 장면이 전쟁 포로들을 앞에 놓고 베푸는 승전 축하 잔치라고도 해석한다. 날마다 순간마다 승리의 삶이 보장되어 있다. 현재와 미래에 우리에겐 궁극적인 승리가 보장되어 있다.

왜 하필이면 원수의 목전인가. 그것은 대비의 감격이다. 모든 그림에는 인물화든 정물화든 배경이 있어야 한다. 잔치 분위기를 살리려면 배경 음악이 필요하다. 춤을 추려면 무드가 조성되어야 한다. 역전극의 짜릿한 묘미를 아는가. 지난 월드컵 축구 예선 때 일본에서 겨루어졌던 한일전의 승리를 생각해 보자. 적진에서의 역전 승리… 후반전에 한 골이 들어가 패색이 짙었는데 경기 종료를 코앞에 두고 연속 두 골이 들어가 대세를 뒤집어 버린 것이다. 패배 직전이라는 배경이 있었기에 그날의 승리는 더욱 감격스럽고 아름다웠던 것이다.

찬양하라 내 영혼아

 암 환자를 위한 특수 면역 요법인 미슬토 요법을 처음으로 한국에 도입했을 때의 일이다. 내가 진새골에서 치료했던 나의 첫 환자인 최집사님을 잊지 못한다 그녀는 위암이었다. 환자도 의사도 최선을 다했지만 암의 세력을 꺾기란 역부족이었다. 결국 말기 환자의 극심한 고통, 그것을 바라보는 안타까움에 젖어 있을 무렵… 그녀는 당시 내가 출석하던 온누리교회의 하용조 목사님께 꼭 기도를 받고 싶다는 열망을 보였다. 그 다음주 주일 예배 후 그 면담은 이루어졌다. 나는 약간의 긴장과 '하목사님께서는 이런 환자를 어떻게 다루실까… 어떻게 위로해 주실까'하는 호기심으로 그 장면을 지켜보았다. 나는 그 숨막히는 순간의 감격을 잊지 못한다. 목사님이 손을 환자의 머리에 얹으시더니 갑자기 찬양을 시작하셨다. "찬양하라 내 영혼아… 찬양하라··· 내 영혼아··· 내 속에 있는 것들아 다 찬양하라···" 최집사님 부부, 우리 부부, 목사님 다들 눈물바다를 이루었다.

최악의 상태에 있는 환자, 죽음을 앞둔 극한 상황에 있는 한 여인. 그 상황에서 찬양으로 어두움의 권세, 사망의 세력을 깨뜨린 것이다. 찬양으로 절대 절망을 무장 해제시켜 버린 것이다. 그리고 주님 안에서의 절대 희망을 드러낸 것이다. 나는 그 역전극을 잊지 못한다. 죽음을 앞둔 암 환자에게 최고의 기적은 '암이 낫는 것이 아니라 주님을 찬양하는 것'이다. 원수의 목전에서 찬양과 감사의 축제를 벌이는 것이다. 이것은 살아 계신 주님이 하시지 않고서는 불가능한 일이다. 나는 암 환자를 보면서 이러한 기적을 목격하게 된다. 한 달밖에 남지 않았다며 절망 속에 있던 환자가 치료를 받고 5년을 버티며 현재까지 살아 있다··· 이런 기적보다 더 큰 기적은 그 극한 상황에서 생수의 강처럼 찬송이 터져 나오는 것이다.

그녀는 전남대 사학과 3학년이었다. 처음 왔을 때는 희망의 빛이 완연했으나 두 번째 찾아 왔을 때는 절망의 먹구름이 드리워져 있었다. 그 아름답던 얼굴이 뼈만 남아 앙상해졌고 30킬로그램 남짓한 몸무게에 복수가 많이 차 시종 괴로운 표정이었다. 더욱이 그녀는 독실한 크리스쳔이었다. 나는 그때처럼 환자를 피하고 싶은 마음으로 꽉 차고 인간적으로 괴로워해 본 적이 없었던 것 같다. "나는 이해가 안 가요. 정말 주님을 위해서 멋지게 살아보고 싶었는데… 이렇게 빨리 데려가시려 하는지… 이 꽃다운 나이에 꿈을 펼쳐보지도 못하고…"라며 말끝을 잇지 못했다. 기도 외에는 해 줄 것이 없었다. 결국 그녀는 갔다. 몇 달 후 우연히 병원에 들른 그녀의 어머니가 간증을 하셨다. 임종 시에 그 몸에서 어떻게 그리 힘이 나는지 밝은 얼굴로 찬송가 470장을 힘차게 부르고… 구속의 은혜를 찬양하며 천국으로 갔다는 것이다. 인간의 편에서는 기가 막힌 일이나 주님은 이 일을 통해 기적을 창출하셨다. 절망의 늪에서 펼쳐진 희망의 축제… 그 주역은 주님이시다.

즐거운 스트레스

나는 제3 세계 고통의 현장을 누비며 오히려 강한 열정과 기쁨과 평강을 누리는 감정의 대비를 체험하곤 한다. 그곳에 있어야 살맛나는 기분이 드는 것은 웬일까. 최고의 스트레스는 '스트레스 없는 스트레스'라고 한다. 인간의 제일 큰 고통은 '무의미'와 '권태'이다. 최고의 풍성함을 누리고 싶다면 즐거운 스트레스를 만들라. 끊임없이 도전하라. 무사안일한 삶의 굴레를 벗어 버려라. 소외 당한 사람들을 만나라. 고통 받는 현장으로 가라. 남들이 가기 싫어하는 곳으로 가라. 다음은 20세기의 마지막 날 인도로 출국하면서 쓴 글이다.

"뉴밀레니엄을 인도의 슬럼가에서 맞으려는 시도에 대해 가족들이 섭섭해 한다. 인도 방문은 벌써 열한 번째가 된다. 개인적으로는 연말연시를 부모님도 찾아 뵙고 사람 구실을 하며 보내고 싶은 생각이 없는 것은 아니다. 이제 좀 조용히 쉬고 싶은 생각도 있다. 그러나 국제사랑의봉사단의 단장이라는 공인으로서 세계의 가장 고통 받는 곳에서 새해 첫날을 그들과 함께 보낸다는 상징성에 대해서는 스스로 자부심을 가져 본다.

그리고 솔직히 말해 나는 내 속에 복음의 폭탄이 내장되어 있다고 믿는다. 나는 그것에 불을 당기고 싶은 충동을 느낀다. 스스로 복음과 사랑에 대한 열정이 더욱더 불타오르기를 바란다. 세계 복음화에 대한 열망, 성경 진리에 대해 사무치는 마음, 사랑의 혁명 운동에 대한 비전, 총체적 선교에 대한 꿈… 그 열정을 잠재우지 않으면 안 돼는 자기와의 싸움이 힘들 때가 많다. 그러나 원자력의 평화적 이용은 그 에너지를 지속적으로 끌어낼 때 가능한 것이다. 폭발해 버리면 파괴적인 기능을 할 가능성이 많다. 복음에 대한 열정은 서서히 지속적으로 분출되어야 영향력을 극대화시킬 수 있다.

비교적 절제했음에도 불구하고 금년에 비행기를 탄 횟

수는 50여 회가 넘는다. 세계를 누비고 다닌다며 나를 부러워하는 사람들이 있는 것을 안다. 그러나 이제 비행기를 타는 것은 생각만 해도 신물이 난다. 기내식을 생각하면 속이 거북해 진다. 그래서 나는 기내식은 아예 쳐다보지도 않는다. 그리고 컨디션이 나쁜 상태에서 비행기가 착륙할 때는 귀가 몹시 아파 몸부림칠 경우가 많다. 하루에 두세 번씩 비행기를 타는 일도 많은데 그때는 몹시 무력감을 느낀다.

나는 고통 받는 제3 세계를 갈 때마다 사람에게 초점을 맞춘다. 나는 그들에게서 하나님의 형상을 발견한다. 그리고 그들에게 빚진 자임을 절박하게 깊이 깨닫고 사명을 새롭게 하는 계기로 삼는다. 이들에게 주님의 복음과 사랑을 전하고 행복을 전염시키는 일에 대한 새로운 열망을 가져 본다. 이들에게 본래 주님이 디자인하신 최고의 행복을 회복시킬 수 있다면… 그 불타는 마음 때문에 나는 그냥 앉아서 새천년을 맞이할 순 없는 것이다."

영적 싸움이 있다

 승리에는 대상이 필요하다. 자기 자신이든, 세상이든, 어두움의 세력이든 대상이 있어야 승리의 감격이 있다. 평탄한 삶에는 조용한 은혜가 있다. 굴곡이 있는 삶이라야 깊은 은혜, 강렬한 은혜가 있는 것이다. 그런데 피해 의식이 많은 사람은 싸움을 회피한다. 현실에 안주하고픈 욕구로 인해 싸움과 도전이 싫은 것이다. 승리의 삶의 밑바탕엔 피해 의식으로부터의 자유가 필요하다. 고통스런 사실은 대부분의 크리스천들이 영적 싸움에서 승리하지 못하고 있다는 것이다. 아예 싸울 의욕을 상실해 버린 세대⋯ 현실 안주의 진통제에서 벗어나지 못하는 안타까움⋯ 우리에겐 중간지대란 존재하지 않는다. 영적 싸움에서 무승부란 없다. 승리냐 패배냐가 있을 뿐이다. 신앙의 유지란 본래 성립되지 않는다. 상승이냐 하강이냐가 있을 뿐이다.

나는 안정된 직업이었던 대학교수를 포기하고 사랑의클리닉을 시작하면서 믿음이 성장하기 시작했다. 그전의 믿음이란 주로 대학생, 대학원생, 전공의, 조교, 대학교수란 틀 속에서 형성된 상아탑 속의 믿음이었다. 그런데 혼자 독립해서 말씀대로 살려고 몸부림치다 보니 믿음이 쑥쑥 자란 것이다. 돈을 벌어 선교하겠다는 발상은 아예 처음부터 고려되지 않았다. 병원을 운영하는 비전과 원리 자체가 성경적인 병원을 꿈꾸었다. 그래서 아예 이름을 사랑의클리닉(loving care clinic)이라고 짓고 부담스런 출발을 했다.

인간을 하나님의 형상으로 보고 전인격적으로 치료하는 병원, 모든 환우를 무한한 가치를 가진 사랑의 대상으로 보고 치료하는 병원을 목표로 삼았다. 그리고 세금을 제대로 내는 병원, 정직하고 투명한 병원을 지향했다. 이 모든 목표가 한국적 현실에서, 그리고 열악한 의료 환경에서는 하나의 투쟁이었다. 우리의 연약함, 한계, 절망감을 드러내는 과정이기도 했다. 그래서 어떤 환자는 "왜 이렇게 불친절하냐… 아예 사랑이라는 이름을 떼어버리라"라고 불평하기도 했다. 이 모든 시련이 우리의 비전을 테스트하는 시험이었고 나중에 환자가 많아져 평소 비난하던 '1시간 대기 3분 진료'의 악습을 되풀이하는 병원이 되기도 했다.

그러나 사랑의클리닉을 통해 현실에 뿌리박은 영성을 키워갈 수 있었다. 살아 있는 신앙 체험의 연속이었다. 주님과의 관계는 물론 환자들과의 관계… 특히 암 환자들… 같이 웃고 울고… 사랑하고 섬기며 그들은 나의 일부분이 되어갔다. 직원들과의 관계… 그들과 믿음의 빙판길을 뒹굴면서 리더십과 헬퍼십, 멘토십과 팔로우십을 배워 갔다. 인간의 연약함, 배신의 상처, 뜨거운 형제애와 사랑의 감격, 중보 기도의 역사를 배워 가며 나의 심성에 인간 이해의 폭과 깊이를 더해 갔다. 고통스런 나날이 많았지만 은혜의 샘은 마를 날이 없었다. 원수의 목전에서 상을 베푸시는 주님…

새로운 일을 시작하는 것은 가슴 설레는 일이면서 또한 많은 방해를 받는 고통의 길이다. 많은 사람들은 그 열매에 대해 동경하면서도 그 과정은 치르려 하지 않는다. 고통 없는 좋은 결과를 기대한다(No pain, No gain!). 십자가 없는 면류관만을 추구한다(No cross, No crown!). 대학교수 시절 뜨거운 열기로 시작했던 사랑의봉사단 운동… 1988년 당시 세계 최빈국이었던 방글라데시에서 받았던 엄청난 충격… 결국 방글라데시를 시작으로 케냐, 이디오피아, 소말리아, 인도, 네팔, 필리핀, 불가리아, 러시아, 중국, 인도네시아, 모잠비크, 마다가스카르… 고통받는 세계의 이웃들을 부둥켜 안고 그리스도의 사랑을 전하는 신 사도행전의 역사가 그동안 1,500여 명의 젊은이들과 더불어 전개되었다. 나는 이 나라들을 다닐 때마다 절망을, 칠흙 같은 어둠을, 엄청난 역사의 굴곡을, 고뇌와 상처로 찌든 얼굴들을 본다. 그 고통은 내 고통이 되고 영적 싸움의 처절함과 기도의 몸부림으로 이어진다. 인간의 비극과 주님의 영광이 공존하는 역사의 불연속선을 목격한다.

그러나 사랑의봉사단 운동을 통해 받은 은혜는 폭포수처럼 강렬하고 가을 호수처럼 깊고 오묘하다. 그리고 어느 날 내가 거인처럼 부쩍 커버린 것을 느낀다. 그 부딪침의 열기를 통해 받은 은혜는 이루 말할 수 없다. 이후 다른 사역들을 시작하면서 받은 은혜를 어찌 다 기록할 수 있겠는

가. 분명한 목표가 있어야 삶의 환희가 있다. 허공을 치는 삶에는 은혜와 감격이 있을 수 없다. 성경적 비전을 추구하는 과정은 그 자체가 인생의 학교이다. 세계는 나의 교실이며 나의 일터이다. 배움은 시작도 끝도 없다. 주님이 일을 시키시는 것은 그 자체가 은혜의 사건일 뿐 아니라 확고한 성장을 위한 방편이라는 사실… 시간이 갈수록 선명해지는 진리이다. 그 일의 시작에서 뿐 아니라 모든 과정에서 빛과 어두움을 맛보며 성숙의 길, 기쁨의 길을 간다.

싸움의 대상을 분별하라

 영적 싸움의 대상은 '병든 자아'와 '빗나간 세상'과 '어두움의 세력'이다. 나는 그 동안 내적 치유 사역을 통해 병든 자아에 주목했다. 그리고 라브리 사역을 통해 얻은 노하우로 진리와 비진리의 싸움터인 세상에 대해 도전하곤 했다. 일종의 문화 치유라고 할까. 그런데 영적 실체인 어두움의 세력(사탄, 마귀, 악령)에 대해 무지했다. 그런데 내가 알고 지은 죄들과 습관적인 자기 비하, 고질적인 자만심, 대인관계의 영역에서의 잦은 실수 등이 바로 영적 싸움에서 패배한 것이라는 사실을 깨닫곤 깜짝 놀랐다. 얼마나 속고 살았던가. 내가 이미 성령 안에서 승리할 능력을 가지고 있음에도 불구하고 그 권능을 행사할 줄 몰랐다.

 이러한 내면의 문제는 단순히 상처로만 설명될 수 있는

것이 아니었다. 영적 전쟁의 실체를 깨닫지 못하고 더욱이 싸움의 대상을 제대로 분별하지 못하는 데서 생긴 것이다. 나는 곤란한 상황이 되면 자포자기하는 습관이 있었다. 정면 대결하기 보단 피하고 쉽게 마무리하려는 속성이 있었다. 사실 마귀는 거짓의 아비요 속임수의 명수요 우리를 혼란케하는 자이다. 이제 더 이상 속지 않으리라. 이제는 승리하리라. 다음은 작년 11월 교회 주보에 게재했던 목양 컬럼의 내용이다.

"지난주 금식을 하면서 받은 은혜가 너무도 큽니다. 우선 교회 지체들에게 너무 죄송한 마음이 들었습니다. 그리고 사랑과 정성으로 섬기지 못했던 것이 많이 생각 났습니다. 사랑을 표현하지 않은 것도 문제였습니다. 요즈음 스스로 생각해도 많이 변한 것 같습니다. 우선 욕심을 버리고 주님께 철저히 순종하겠다는 생각으로 충만합니다. 아무리 좋은 비전이라도 주님의 방법이 아니고 주님의 때가 아니면 욕심에 불과하다는 사실을 깨달았습니다.

이번 기도 중에는 "전체를 알려고 하지 말라"고 하셨습니다. 비전과 미션은 확실히 정해 놓고 달려가되 구체적인 전략은 그때마다 가르쳐 주시겠다는 것입니다. 한꺼번에 다 알려고 하는 것도 죄입니다. 가르쳐 주시는 만큼, 인도하시는 만큼, 보여 주시는 만큼만 가야지 앞서 가지 말라는 것입니다. 이미 주어진 영역에서 꽃을 피우지 않고 계속 새로운 가능성을 찾고 더 큰 것, 더 위대한 것만 추구하다 보니 주변 사람들은 다 이방인이 되어버린 것입니다. 심지어는 아내와 자녀들에게까지. 정말 죄송합니다. 이번 기도 중에 제 안에 있는 몇 가지 견고한 진을 발견하게 되었습니다.

첫째는 영적 싸움의 문제입니다. 순간마다 성령님의 도우심을 구하면서 작은 싸움에 승리하는 것이 무엇보다 중요합니다. 영적 권능을 위해 끊임없이 기도할 필요성을 느꼈습니다.

둘째는 '예스'와 '노'를 분명히 하지 못한다는 것입니다. 상대방이 상처를 받을까 봐 '노'를 못한 것이 나중에 더 큰 상처를 유발하는 것입니다. 앞으로는 '노'를 잘 하도록 기도해 주시기 바랍니다.

셋째는 충동적 결정입니다. 물론 홈런을 친 경우도 있

었지만 삼진으로 끝난 경우도 많았습니다. 좀 더 신중하게 기도하면서 주변의 조언을 들으면서 결정하는 습관을 기르도록 기도해 주시기 바랍니다.

  넷째는 일관성이 없는 것입니다. "가게 하지 말려면 시작도 안 했어야지." "동기 부여를 했으면 시스템을 만들어 주어야지."라고 책망하시는 분들에게 할 말이 없습니다. 일단 시작했으면 끝을 볼 수 있도록 기도해 주십시오. 약점도 많고 허물 많은 저를 영적 리더로 알고 하나님의 비전을 위해 동역하는 여러분에게 죄송한 마음 금할 길 없습니다."

드러남으로 무력화시켜라

 어두움의 세력과의 싸움에서 문제의 핵심은 그의 정체를 드러나게 하라는 것이다. 견고한 진을 발견하는 것만으로도 이미 승리의 반은 확보한 셈이다. 4년 전의 일이다. 정신 분열병 초기에다 노이로제가 결합된 아주머니 한 분이 나를 좋아한다며 불이 나게 병원을 드나들었다. 그분은 환청을 듣는 분이었는데 그 음성이 내 음성이라는 것이었다. 꽃을 들고 병원에 와서는 내가 시켜서 가져왔다고 했다. 내 집회가 있거나 중요한 모임의 순간에 나타나서는 분위기를 흐려 놓았다. 나중에는 내가 결혼하지 않았고 지금의 아내는 진짜부인이 아니라는 소문까지 퍼뜨리는 것이 아닌가. 설득으로도 안 되고 경찰을 불러도 해결되지 않았다. 결국 독실한 크리스천인 여동생의 도움으로 부모님을 모셔 놓고 또 증인들을 대질시켜 그의 말이 거짓임을 드러냈다. 그녀가 피하려고 자리를 뜨자 그녀의 아버지가 주먹으로 딸을 때려서 주저 앉혔다. 모든 거짓과 허위가 판명되자 그녀는 다시는 얼씬도 하지 않게 되었다. 어두움의 세력은 거짓과 분열의 영이다. 모든 것이 드러나면 무기력해진다. 마귀의 역사를 드러냄으로써 무력화시켜라.

정면 대결하라

마귀의 유혹과 시험을 이기는 길은 정면 대결 하는 것이다. 예수님에게도 유혹은 예외가 아니었다. 시험과 유혹에서 면제된 사람은 아무도 없다. 다만 예수님은 말씀으로 물리치심으로써 우리에게 승리의 노하우를 전수하셨다. 그가 한 명령은 대부분 성경을 인용했으며 절대적 권위로 말씀하셨다. 말씀의 권세를 사용하신 주님…그리고 직접 "사탄아 물러가라."고 꾸짖으셨다. 우리는 하나님의 자녀 되는 권세를 100% 활용하여 승리의 삶을 살아야 한다. 예수님이 위임하신 권세를 극대화시켜 영적 자유를 누리며 능력 있는 삶을 살아야 한다.

마귀는 피한다고 피해지지 않는다. 영적 대결에서는 두려움이 최대의 적이다. "근신하라 깨어라 너희 대적 마귀가 우는 사자같이 두루 다니며 삼킬 자를 찾나니 너희는 믿음에 굳게 서서 저를 대적하라." 대적하는 길만이 승리의 길이다. 대충 넘어가거나 자기 지혜로 다른 수단을 쓰는 것은 백전백패의 길이다. 마귀의 궤계를 인간의 지혜로 이길 수 있다는 것은 일종의 환상이다. 우리의 싸움은 혈과 육의 싸움이 아니다. 영적 싸움의 본질을 인식하라. 에베소서 6장 10-18절의 말씀을 묵상하라. 영적 싸움의 원리도 다를 바없다. 공격이 최상의 방어이다. 하나님의 전신갑주로 완전 무장하고 성령의 검으로 공격력을 강화시키는 것만이 최고의 영성을 유지하는 비결이다.

영적 분별력을 주시옵소서

싸움의 대상을 제대로 파악하지 못해 패배의 밤을 지새 웠던 적이 얼마나 많았던가. 상대가 자기 자신인지, 세상 문화인지, 어두움의 세력인지를 분별하는 지혜가 필요하다. 셋 중 하나일 때도 있지만 두 세 가지가 결합되어 있는 경우도 허다하다. 순간순간의 영적 싸움에서 승리하려면 주님께 절대 의존적 존재가 되어야 한다. 그러니 살아 있는 기도 없이, 성령의 능력과 인도하심이 없이, 예수 그리스도의 권세 없이 신앙생활을 한다는 것은 유치원 수준일 뿐이다. 영적 분별력을 달라고 기도해야 한다. 그리고 지성으로 무장해야 한다. 성경적 패러다임과 세계관으로 우리의 의식을 가득 채워야 한다. 그래서 성경의 사람이면서 성령의 사람이 되어야 한다. 이제 성령의 권능으로 승리의 삶을 살아야 한다. 영적 분별력을 자주 활용함으로 강한 영성의 소유자가 되어야 한다.

"
기름으로 내 머리에 바르셨으니
내 잔이 넘치나이다
"

기름 부음을 받는 것은 사랑의 표현이며 축복의 사인이며 위임 받은 권위의 상징이기도 하다. 이는 손님을 환대하는 주인의 지극한 정성과 애정을 표시한다. 전인격과 전존재를 다해 우리를 사랑하시는 주님. 사실 주님의 최고의 선물은 성령이다. 구원 받은 자의 확실한 증거는 성령의 내재이며 성령의 충만이다. 그리고 성령의 권능이다. 주님은 사랑의 표현으로 우리에게 날마다 성령을 부어 주신다. 이미 내 안에 계시지만 날마다 새롭게 날마다 충만히 임하신다. 오직 성령이 너희에게 임하시면 너희가 권능을 받고… 내 증인이 되리라. 증인 되는 축복을 누리게 하신다. 증인 되는 축복은 일단 내 안에 흘러 넘쳐야 한다. 단순히 은혜가 내게 머무르는 것으로 끝나지 않고 자연스럽게 은혜의 통로가 되는 것이다. 주님의 사랑을 누리는 것으로 만족할 수 없다는 것이다. 사랑의 통로가 되고 축복의 통로가 되라는 것이다.

캘커타의 추억

 내 잔이 채워지고 넘치는 행복. 행복은 쾌락이나 안락과는 다르다. 환경이 줄 수 있는 것이 아니다. 행복은 주님만이 주실 수 있는 것이다. 상황과 환경과 자신을 초월하는 행복. 이 행복의 본질은 성령의 열매이다. 사랑, 기쁨, 평강 이라는 3가지 특성이 나를 지배하는 감격을 아는가. 끈끈한 정이 아닌 아가페 사랑, 단순한 재미가 아닌 기쁨, 그냥 편안함이 아닌 평강이다. 이 세 가지는 환경이 줄 수 있는 것이 아니다. 세상에서는 이 같은 종류의 행복을 맛볼 길이 없다. 아무리 노력해도 불가능한 헛수고일 뿐이다. 샘솟 듯 솟아나는 자기 초월의 능력, 내 안에서 터져 나오는 생수의 강… 이는 차고 넘치는 성령의 역사이다.

 사랑의봉사단과 함께 인도 캘커타에 의료 봉사를 갔을

때의 일이다. 과연 캘커타는 우리의 기대에 빗나가지 않았다. 동물의 목을 쳐서 그 피로 제사 드리는 깔리 신전과 테레사 수녀가 운영하는 죽음의집, 수많은 영혼들이 버려진 채로 살아가는 슬럼가… 정말 그곳은 치열한 봉사의 현장이었고 맹렬한 삶의 의욕을 느끼게 하는 곳이었다. 우리 팀들은 캘커타 외곽에서 하루 종일 진료 등 각종 봉사 활동을 마치고 선교사님의 고물 지프에 몸을 실었다. 정원을 초과한데다 라디에이터에서 뜨거운 열이 나는 바람에 차 안은 최악의 환경이었다. 그런데 이 어찌된 일인가. 아무도 주도하지 않았는데 단원들의 영혼 깊숙한 곳에서 찬송이 터져 나오는 것이 아닌가. 그것도 거의 동시에. 한 시간 정도 달려 시내 '레이크 사이드'라는 주거지에 도착할 때까지. 최악의 상황 속에서 기쁨의 환호가 터진다. 보다 열악한 여건에서 몸을 던진 사랑과 섬김의 보람은 더욱 빛을 발한다. 캘커타의 병들고 소외된 영혼들을 어루만지고 그들과 주님의 사랑을 나누었던 기쁨… 정말 캘커타는 기쁨의 도시(The City of Joy) 였다.

버들골 호수의 환상

나에게는 내면의 고통이 항상 드리워졌던 것 같다. 그것이 마음의 통증이었다는 것을 지금에야 알았다. 아무리 노력해도 채워지지 않는 공허감도 있었다. 그것이 과거의 가정 환경과 관련이 있다는 것을 최근에야 알았다. 어머니는 가정 폭력의 희생자였고 아버지는 어머니에 대한 콤플렉스로 왜곡된 자아상을 가진 분이었다. 어머니는 지금도 아버지에 대해 "절대 용서 못해"라고 하실 정도로 응어리와 피해 의식을 가지고 계신다. 나에게도 십여 년 학창 시절을 장식했던 처절한 마음의 고통과 깊은 상처가 슬픈 과거의 흔적으로 내면에 자리잡아 있었다. 그런데 이러한 상처 속에 보냈던 과거와 앞으로 있을 상처까지를 포함해서 모든 불행을 하나님의 관점으로 일시에 변환시키는 사건이 일어났다. 과거 사건에 대한 혁명적 재해석이랄까… 마치

흑백 사진이 총천연색 칼라 사진으로 바뀌듯.

  나는 아침마다 기숙사 앞에 펼쳐진 대초원과 버들골을 산책하는 취미가 있었다. 때로는 그 푸른 초원에서 형제들과 아침 성경 공부를 매일 하기도 했다. 그런데 아침 산책을 하면서 약간 불만이었던 것은 만여 평 펼쳐진 잔디 가운데 움푹 패인 모래 웅덩이였다. 그 모래 웅덩이만 없으면 더욱 낭만적일텐데… 그리고 여름 방학이 가까워 오던 어느 날이었다. 일부 학과는 시험이 끝나 기숙사가 한산하던 무렵… 전날 밤 비가 억수같이 내렸다. 약간의 가랑비를 맞으며 아침 산책을 하러 버들골에 나가보니 아름답기가 이를 데 없었다. 멀리서 피어오르는 안개 기둥과 물기가 잔디의 푸르름을 더욱 빛나게 해주고 있었다. 아스라이 보이는 관악산 능선… 그런데 더 놀라운 사실은 대평원 가운데 수정 같은 호수가 생긴 것이다. 그냥 존재하는 호수가 아니라 주변으로 흘러넘치는 호수… 어찌 된 일일까. 그 광경은 아름다움을 넘어 장엄했다고 할까.

  그 호수는 큰 모래 웅덩이에 밤새 내린 빗물이 고여 생긴 것이었다. 평평한 곳은 그냥 빗물을 흘려버리고 말았지만 웅덩이엔 물이 고여 호수가 된 것이다. 웅덩이에만 물이 고인다! 이 평범한 사실이 하나님 안에서 생을 재해석하는 도구가 된 것이다. 왜 하나님은 어린 시절과 청년 시절을 상처와 고통 속에 가두어 두셨는가. 바로 그 상처의 웅덩이에 하나님의 치유의 은혜가 고인 것이다. 은혜는 그렇듯 낮은 곳으로, 패인 곳으로, 웅덩이 속으로 흐르게 되어 있다. 이제 그 은혜가 흘러넘쳐서 상처받은 이웃들, 병든 이웃들을 치유하는 도구가 된 것이다. 나는 그 모래 웅덩이를 잊을 수 없다. 그리고 그 고통스럽던 세월의 의미를 바로 깨닫게 된 것이다. 나를 전인 치유 사역자로 부르신 주님… 총체적 복음 전도자로 부르신 주님을 찬양한다. 그 상처의 웅덩이 속에 흘러넘치는 치유의 은혜가 세계를 뒤덮고 있으니 말이다.

주님 때문에 팔자 고친 사람

나는 주님 때문에 팔자 고친 사람이다! 나는 내가 올 수 있는 곳보다 훨씬 멀리 온 사람이다. 나의 능력보다 훨씬 많은 것을 성취한 사람이다. 내가 누릴 수 있는 것보다 더 많이 누린 사람이다. 오직 주님 때문에. 그래서 표어가 있다면 '오직 주님'이다. "내 잔이 넘치나이다"라는 고백을 깊은 곳에서 할 수 있는 사람이다. 생애를 통해 성령의 충만함을 누리게 하시고 날마다 감격 가운데 살도록 인도하셨다. 때마다 일마다 사역의 풍성한 열매를 맛보게 하셨다. 주님으로 인해 변화 받게 하시고 최고의 행복을 경험하게 하신다. 이제는 그 행복이 흘러넘쳐 행복의 전달자로 기쁨의 발산자로 살게 하신다.

사실 오늘날처럼 성령의 권능이 필요한 시점도 없는 것 같다. 이제 상식이 되어버린 영적 무기력과 패배주의를 격

파하는 다이너마이트와 같은 역동적인 힘이 필요하다. 오직 성령의 권능만이 해답이다. 가장 강한 권능은 주의 증인이 되기로 작정했을 때 체험하기 시작한다. 권능을 주신 본래의 목적에 부합되기 때문이다. 인간은 만물을 다스리는 가장 강한 자로 지음을 받은 존재이다. 그런데 주님을 떠나 제 마음대로 살아가면서 가장 연약한 존재로 전락했다. 나는 이것을 사탄에 의한 인권의 유린이라고 부른다. 그 결과 인간은 그 고귀함을 상실하고 죄성, 이기심, 부조화, 연약함, 질병의 노예로 전락했다.

다시 예수 그리스도 안에서 존귀함을 회복한 우리에게 절실한 것은 말씀의 능력, 변화의 능력, 행함의 능력, 기도의 능력, 견딤의 능력이다. 이제는 성령의 권능과 성령의 열매를 동시에 추구하여 하나님의 사역을 극대화시켜야 한다. 이 세상을 변화시키려면 절제의 능력, 온유의 능력, 사랑의 능력, 기쁨의 능력, 평강의 능력, 충성의 능력이 필요하다. 나는 오늘도 새롭게 주님을 바라본다. 그리고 앞으로 주실 은혜를 기대한다. 엄청난 주님의 은혜, 주님의 충만하신 것으로 충만하게 하시는 역사를 기대한다.

지금까지의 경험처럼 그 과정에서 고난과 핍박, 배신의 고통, 시행착오가 있으리라. 그러나 고난이나 역경이 있으면 있을수록 주님이 내게 주신 꿈과 환상과 믿음과 소망은 더 커지고 깊어지고 광활해지고 아름다워질 것이라는 것을 믿어 의심치 않는다. 나의 나 된 것은 주님의 은혜라… 오 감사합니다… 찬양합니다… 사랑합니다.

차고 넘치는 은혜는 사역의 확대로, 비전의 확대로, 인맥의 확대로 나타났다. 사역은 처음 한국에서 시작되어 인도권으로, 불교권으로, 회교권으로, 아프리카로, 미국으로, 유럽과 오세아니아로, 일본과 중국으로 확대되었다. 인맥도 처음에는 캠퍼스 시절의 동역자에서부터 교수, 의사, 비즈니스맨, 사랑의봉사단 운동, 라브리 운동, 자마 운동, 셀교회 운동, 코스타 운동, 월드리더십 센터 등 세계적인 네트웍으로 계속 넓어지고 있다. 비전은 본래 주님이 의도하신 디자인을 따라 점점 넓고 깊고 정교하게 다듬어져 가고 있다.

비전과 사역의 확대는 상상을 뛰어넘는 방법으로 임하기도 했다. 어느 날 뜻하지 않게 나는 모잠비크에 와 있었다. 그것도 한 달씩이나… 게다가 마다가스카르를 방문할 수 있는 기회까지 허락하셨다. 나는 언젠가 세계 최빈국, 90년도 국제 연감에 국민소득 70불로 나와있는 모잠비크에 사랑의봉사단을 파송하는 열망을 가지게 되었다. 그런데 그것이 현실화되고 케냐, 이디오피아, 소말리아에 이르는 동아프리카의 사역에 이어 남아공, 모잠비크, 마다가스카르를 잇는 새로운 사역 통로가 펼쳐지게 되었다. 다음은 국제사랑의봉사단 단장으로 긴급 의료 팀을 이끌고 모잠비크를 출발하면서 쓴 글이다.

"우리 공동체의 일부 동역자들이 모잠비크 긴급 의료 구조단의 멤버로 아프리카를 향해 출발하였다. 나도 이틀 후면 모잠비크로 떠나야 한다. 모잠비크는 대홍수로 한 달 이상 물난리를 겪고 있으며 백만에서 이백만 명으로 추산하는 이재민이 발생했다. 나는 지금 아무도 관심을 갖지 않는 '꼭 되어져야 할 일' '꼭 해야 할 일'에 관심을 갖는 일이야말로 우리의 사명이라고 확신한다. 성공의 의미는 '꼭 해야 할 일'을 하는 것이 아니던가.

나는 7년 동안 사랑의봉사단 운동을 하면서 이처럼 가슴 설레는 기쁨을 맛본 적이 없다. 아시아에서는 최초로 민간 의료 봉사단을 파송한다는 감격을 어찌 말로 할 수 있는가. 수재를 당한 모잠비크 국민들에게는 죄송하지만 우리에게 '기꺼이 할 일'을 부여했다는 의미에서 감사의 제목이다. 언젠가 손봉호 교수님이 한 말이 생각난다. "이제 복지 사회가 되면 기독교가 할 일이 없어집니다. 가난한 이들, 고통받는 이들을 국가가 전부 관리하게 되면 그들에게는 축복일수 있지만 우리에게 봉사의 기회가 없어진다는 차원에서는 불행한 일이 아닐 수 없습니다." 그렇다. 우리에게 주어진 축복의 찬스를 놓치지 말자. 섬김의 기회는 곧 은혜받을 찬스가 아닌가. 고통받는 세계는 우리에게 사실상 '섬기는 삶'과 '나눔의 삶'이라고 하는 은혜와 축복을 강요하는 셈이다.

나는 최근 '침묵의 열매는 기도요, 기도의 열매는 믿음이요, 믿음의 열매는 사랑이요, 사랑의 열매는 봉사요, 봉사의 열매는 평화'라는 테레사 수녀의 말을 깊이 묵상해 본다. 기도와 믿음이 사랑으로 나타나지 않는다면 믿음이 아니다. 사랑이 실천적 봉사로 열매 맺지 않는다면 사랑이 아니다. 봉사의 결과가 평화가 아니라면 자기 과시에 불과한 것이다. 주여 나를 평화의 도구로 써 주소서. 나로 인해 한 나라가 바뀌는 역사가 일어나게 하소서. 고통받는 세계, 사랑의 굶주린 이웃을 끌어안고 아픔을 같이 나누는 사랑의 거인, 기도의 용사가 되게 하소서."

생애를 통한 성령의 역사

그리고 이 사역과 비전의 확대는 내가 인격적으로 체험한 성령의 나타나심이었음을 차차 깨닫기 시작했다. 성령의 열매와 인격의 변화만을 강조하던 내가 성령의 기름 부음을 본격적으로 체험한 것은 온누리교회에서 파송을 받아 강남에 교회를 개척하면서 부터였다. 1999년 9월 26일, 하나님은 나를 커다란 감격 가운데에 놓으셨다. 온누리교회 하용조 목사님과 부목사님들이 강단 앞에 무릎을 꿇은 우리 부부에게 안수하고 그리고 온 성도들의 축복을 받는 가운데 나는 파송을 받았다. 온누리교회가 추진하는 2000/10000 국내 사역자로 교회 개척을 하도록 임명받은 것이다. 의대 교수 시절 신학을 공부하면서 3년 동안 교회를 개척해서 목회한 경험이 있긴 하지만 이번에는 감격이 남달랐다. 교회는 이 세상의 유일한 희망이다. 나는 교회의 본질인 주님과 성도들이 점점 좋아진다. 꿈에도 그리는 형제 자매들… 정말 우리 교회가 너무 좋고 성도들이 너무 그립고 사랑스럽다. 매일 봐도 더 보고 싶고… 다음은 목양 일기의 한 대목이다.

"나는 '우리 교회'라는 말이 너무 좋다. 교회 생각을 하면 꿈 속에서도 행복하다. 사랑의공동체교회는 우리 교회다. 그리고 성도들은 친형제보다도 더 진한 사랑을 나누고 있는 형제 자매들이다. 하나님의 가족이라는 말의 의미가 실감난다. 다가오는 새해에는 사랑의공동체라는 이름에 걸맞은 교회로 더욱 아름답게 단장되길 기도해 본다.

지난주 미국 산호세에서 있었던 가정 교회 목자들을 위한 세미나에서 나는 우리 교회가 존재한다는 것 자체가 '권세 있는 메시지'라는 사실을 실감할 수 있었다. 아무리 그들에게 성경적인 교회와 가정 교회 목자에 대해 이야기한들 내가 그 속에 호흡하고 있지 않다면 무슨 소용이 있겠는가. 비록 작은 교회지만 큰 교회에 영향력을 미치고 그 교회를 세계적인 가정 교회로 전환시키는데 기여한다면 하나님께서 기뻐하실 일이 아닐까. 성경적 진리를 뒷받침해 주는 교회, 세계의 교회들을 섬기는 교회로 더욱 빛을 발해야 하리라. 새로운 시대에 주님이 우리 교회를 아름답게 쓰실 것이라는 예감이 들었다."

에스겔서 47장에 보면 성령을 체험하는 단계가 묘사되어 있다. 첫째 단계는 발목의 충만이다. 나도 언젠가부터 성령의 음성을 듣고 구체적인 인도하심을 받기 시작하면서 은혜를 경험하기 시작했다. 성령께서 실체로 우리 삶에 등장 하심은 '인도하심'이다. 성령의 음성에 순종하고 구체적으로 인도하심을 받는 것… "하나님의 영으로 인도함을 받는 그들은 곧 하나님의 아들이라", "내가 너의 갈 길을 가르쳐 보이고 너를 주목하여 훈계하리로다", "너는 범사에 그를 인정하라 그리하면 네 길을 지도하시리라" 즉 주님과 동행하는 삶이다. 인도함을 받는다 함은 내가 그토록 집착했던 그 무엇을 포기하는 삶을 뜻한다. 주님은 그 무엇을 포기하는 것, 인도하심에 순종하는 것에 구체적인 행동을 요구하신다. 즉 몸으로 드리는 순종이다. 그 주님이 더 큰 축복을 예비하시고 순종하기를 기다리신다.

그 다음은 무릎의 충만이다. 주님께 무릎 꿇는 삶이다. 나는 교회를 개척한 다음해 40일 동안 지속된 특별 기도회를 통해 기도의 권능을 체험할 수 있었다. 무릎 꿇는 것은 은혜의 고속도로이다. 깊은 기도란 말할 수 없는 탄식으로 우리 안에서 간구하시는 자의 음성을 듣는 것이다. 그 기도 속에 나를 맡기면서 기도에 동행하는 삶이다. 깊은 슬픔과 극심한 고통 등 상상할 수 없는 환경의 압력이 우리를 무릎 꿇게 한다. 그럴 때 성령 안에서 기도하고 있다는 사실을 확인만 해도 힘이 된다.

  다음 단계는 허리의 충만이다. 즉 능력의 자리에 서는 것이다. 나는 작년 말 교회 수양회에서 성령론에 대한 특강을 하다가 이미 내게 성령의 권능이 내재해 있음을 재확인했다. 다만 이미 부여받은 권능을 활용하지 않은 것이 문제였다. 내 힘을 의지하다 지쳐버린 나 자신을 발견했다. 허리의 충만이란 성령의 권능으로 허리를 졸라매는 것이다. 금년 들어 다시 21일 동안의 기도회를 통해 성령의 역사하심과 나타나심을 깊이 묵상할 수 있었다. 이번에는 아예 표어를 '보다 새롭게 보다 충만히 성령으로'라고 정하고 성령님에 대해 집중적으로 묵상하고 설교했다. 성령에 사로잡혀서 말씀을 증거하는 경우가 많아졌다. 중국의 지하 교회에서 평신도 지도자들에게 설교할 때에는 폭포수와 같은 말씀이 2시간 동안 계속되는 경이로움을 맛보기도 했다.

점점 더 큰 그림으로

성령에 대한 인식 변화는 온누리교회에 다니면서 시작되었다. 성도들을 말씀으로 사랑으로 섬기면 섬길수록 성령의 기름 부으심에 대한 열망이 점점 강해진다. 성령님께서 나를 통해 일하시기를 열망한다는 사실을 알게 되었다. 처음에는 희미해서 거의 느낄 수 없었던 성령님이 점점 나의 생애 속에 선명해지는 것을 느끼곤 한다. 점점 성령님의 인격성에 대해 눈뜨고 그분을 환영하고 인정하고 사모하게 된다. 정말 놀라운 변화가 아닐 수 없다. 전에는 성령이라는 말이 나오면 부담스러웠는데 이제는 오히려 좋아진다. 능력이 없어도 대충 목회할 수 있다는 자만은 사라지고 이제는 '능력이 없으면 죽음'이라는 생각이 절실해진다. 성령님을 알면 알수록 꿈과 환상이 더욱 선명해진다. 점점 더 큰 그림, 더 명확하고 정교한 그림이 그려진다. 다음은 지난 해 미주 집회를 마치고 쓴 글이다.

"지난 2주 동안 북미주에서의 경험은 정말 경이로운 것들이었다. 이제 지금까지의 모든 역량과 경험을 집중시킬 본격적인 시기, 즉 사역 2기로 접어든 것을 알리는 새로운 비전을 보여주시는 주님께 매료된 시간들이었다고 할까. 올란도에서 미국 최대 교단 남침례교 총회에 강사로 참석하던 일, 국제 CCC본부와 위클리프 선교회 국제 본부를 보면서 선교의 비전으로 가슴 설레던 일, 디즈니 월드와 유니버설 스튜디오 등을 방문하면서 꿈의 사람들이 이루어 놓은 엄청난 열매들을 보았다. 나는 또다시 꿈을 꾸기 시작했다. 현장을 누빌수록 꿈과 아이디어가 샘솟는 것을 어쩌란 말인가. 나는 가는 곳마다 새로운 꿈을 꾼다. 바른 꿈은 반드시 이루어진다. 한 세대를 건너 다음 세대에라도 꼭 이루어진다. 우리 모두 21세기의 꿈쟁이가 되자.

도미니카에서는 현지인들에게 말씀을 전하면서 뜨거운 신앙의 열기를 다시금 배웠다. 밤을 새워 기도하며 찬양하며 춤추는 그들을 어떻게 말릴 것인가. 그 문화권 속에서 그들에게 적절한 방법으로 역사하시는 주님의 강력한 카리스마를 뼈에 사무치게 느낄 수 있었다. 그들에겐 말씀 진리와 성령의 균형이 필요했고 전문성의 개발이 무엇보다 중요했다. 이제 전통적 선교만으론 한계에 왔다. 교육, 문화, 비즈니스 등 각 분야의 전문성을 극대화시켜 믿음과 결합시킨 총체적 선교가 절박한 시기이다. 그들의 열정과 미국 사람의 합리주의와 우리의 강점을 결합시킬 다국적 선교팀을 구상해 본다. 이제는 세계 선교를 위한 다국적 드림팀을 출범시켜야 할 시기가 아니겠는가.

이윽고 뉴욕이다. 세계의 수도 뉴욕. 전 세계 170개국 사람들이 모여 사는 곳. 맨하탄에 가면 같은 종족의 사람을 찾기 힘들 정도로 각양각색이다. 그토록 다른 사람들이 모래알처럼 어울려 사는 곳. 이곳에 셀그룹 교회와 총체적 선교를 통한 복음의 폭탄을 터트려 세계로 확산시키자. 경제 수도인 뉴욕과 정치 수도인 워싱턴, 학문의 수도인 보스턴을 연결하는 보뉴턴(BONEWTON) 라인. 나는 이곳에만 오면 가슴이 울렁거린다. 무언가 엄청난 일이 벌어질 것 같은 예감이 든다. "오 주님 기대합니다. 이곳에서 새 일을 행하실 것을!" 뉴욕의 한인 교회를 대표하는 세 곳의 교회에서 닷새 동안 여섯 번의 집회를 하면서 말씀과 더불어 전인 치유의 복음을 외칠 수 있게 하신 주님께 감사한다. 정말 그들은 목말라 있었다. 그들의 갈급함이 마게도냐의 환상처럼 마음에 와 닿는다."

> 나의 평생에 선하심과 인자하심이
> 정녕 나를 따르리니

나의 평생에 선하심과 인자하심이 정녕 나를 따르리니… 이는 한 마디로 은혜라는 말로 요약될 수 있다. 은혜란 하나님의 파격적 조치를 말한다. 지치고 상한 나그네, 심신이 고단한 손님을 왕처럼 받들고 대접하는 주인의 환대… 모든 피로가 말끔히 씻기고 내면의 불꽃이 다시 피어오른다. 양들이 거쳐간 지역은 그들의 배설물과 부산물로 지저분하고 냄새 나고 황폐할 수밖에 없다. 그런데 시간이 지날수록 은혜로운 그분의 섭리에 의해 양질의 목초장으로 변화되는 것이다. 뒤처리 담당의 파격적 은혜… 주님은 놀라운 분이시다. 심은 대로 거둔다면 거룩하신 주님 앞에 설 자가 누가 있겠는가. 공의를 세우시면서도 사랑을 동시에 이루어 가시는 주님, 진리와 더불어 은혜를 베푸시는 주님, 긍휼 있는 심판을 하시는 주님… 시편 103편의 주님을 기억하라. "그는 은혜로우시며 자비로우시며 노하기를 더디 하시며…"

나는 사랑의공동체라는 특수한 크리스천 공동체를 이끌면서 리더십의 부재를 절감한 적이 한두 번이 아니다. 사랑의공동체는 비즈니스, 의료, 선교를 결합시킨 도시 공동체이며 성경적 문화를 지향하는 직장 공동체이다. 공동체가 중요한 이유는 공동체적 삶을 살지 않으면 자신의 참 모습을 알 수 없다는 것이다. 같이 웃고 같이 울며 땀 흘리며 부딪히며 뭉개고 같이 몸부림치다 보면 우리의 모습이 다 드러나는 것이다. 장점과 강점, 은사와 재능, 아름다움과 선함도 드러나지만 인격의 취약점과 한계, 실수, 무기력함, 이기심, 탐심, 죄성까지 낱낱이 드러나는 것이다. 지금까지의 실수와 알고 지은 죄, 모르고 지은 죄를 다 드러내어 심판한다면 할 말이 없다.

김상렬 형제 기념관

중국 선교의 교두보를 확보하고 중국 가정 교회의 리더들을 훈련시키기 위해 북경을 방문하고 있을 때의 일이다. 갑자기 서울에서 급한 연락이 왔다. 태국으로 파송한 사랑의봉사단의 한 형제가 단기 선교 활동 중 쓰러져 생명이 위독하다는 소식을 전해온 것이다. 17기에 걸쳐 1,500여 명의 청소년, 청년들을 제3 세계 고통 받는 오지에 파송하다 보니 별의별 사고가 많았다. 태국의 파타야에서 사역을 마치고 휴식을 취하던 중 안전사고가 발생한 적도 있었고 아프리카 케냐에서는 교통사고가 나기도 했다. 대부분 본인들의 부주의로 발생했지만 지도 감독에 대한 도의적인 책임을 면할 길이 없었다. 그 처리 과정에서 나는 깊은 상처를 받기도 했다.

곧이어 그 청년이 사망했다는 연락이 왔다. 정말 눈앞

이 캄캄해졌다. 이러한 문제의 뒤처리가 쉽지 않음을 절감하고 있던 터라 나는 깊은 침묵에 빠져들었다. 그 침묵은 주님에 대한 묵상으로 이어졌다. 그리고 나서는 곧 마음의 평안을 되찾게 되었는데 그때 떠오른 말씀이 바로 이 구절이다. 나의 평생에 선하심과 인자하심이 정녕 나를 따르리니… 이 모든 상황을 영광스럽게 주님의 사건으로 변화시킬 은혜의 터치가 필요합니다. 간절한 기도가 절로 나왔다. 선하심과 인자하심으로 뒤처리해 줄 주님의 도우심이 절실했기 때문이다.

그 청년의 부모님은 사랑의교회 성도들이었다. 그분들은 청년의 죽음을 주님의 섭리로 받아들였다. 주님의 은혜 안에서 장례도 아름답게 치러졌다. 현지의 선교사님도, 17기 태국팀 형제자매들도, 가족들도, 본부의 요원들도 모두 은혜로 받아들이고 선교의 현장에서 드려진 형제의 고귀한 죽음을 추모했다. 그 일이 생긴 뒤 일주일 후 나는 형제의 어머님과 이모님을 모시고 태국의 땅 끝인 빠마이 공동체와 메짠 공동체를 방문했다. 그 현장에서 주님은 그 형제를 기념하기 위한 '김상렬 형제 기념관'을 세울 마음을 주셨다. 이제 그 기념관을 통해 섬김과 사랑을 위해 순교한 형제의 아름다운 소식이 온 땅에 전해지리라. 우리 모두는 주님의 은혜의 터치를 경험했다. 주님의 선하심과 인자하심이 정녕 나를 따르리니… 정말 주님은 좋으신 분이다.

다음은 그 사건 이후 전국의 후원자들에게 보내졌던 기도 편지의 내용이다.

사랑의 혁명운동

"주님의 동산, 이곳 땅끝에서 땀흘리며 씨뿌리다 그의 20년 삶을 주께 드리다" 이는 이번 17기 사랑의봉사단으로 태국에 파송됐던 고 김상렬 형제의 비문에 새긴 글입니다. 태국과 미얀마의 국경지대요 가장 많은 산족 마을… 그 산족의 아이들을 데려다 하나님의 사람으로 양육하는 곳… 그들의 유일한 희망인 빠마이 공동체, 그곳 땅끝에서 사랑과 복음의 꽃씨를 뿌리다 숨진 고 김상렬 형제! 그는 사랑의봉사단의 첫 순교자입니다. 사랑하다 섬기다 숨져간 사랑의 순교자입니다. 즉 순애자입니다. 전세계를 뒤덮을 제4의 물결… 사랑의 혁명 운동의 한 알의 밀알이요 조용한 불씨입니다.

하나님은 사랑이십니다. 예수님은 사랑의 화신이요 성령님은 사랑의 영이십니다. 성경은 사랑의 편지요 우리는 사랑의 증인들입니다. 크리스천의 정의는 사랑받은 사람들입니다. 우리의 사명은 오직 한 가지… 받은 사랑을 주는 것입니다. 하나님께 받은 것을 사람에게 주는 것입니다. 사랑은 크리스천의 삶의 본질입니다. 그리고 현장 속의 라이프 스타일입니다. 섬김과 나눔의 삶… 이것에서 비켜갈 수도 피할 수도 없습니다. 선교의 기초도 사랑입니다. 전도의 토양도 사랑입니다. 모든 사역도 사랑에서 시작되고 사랑으로 마무리되어야 합니다. 가장 쉬운 길은 사랑입니다. 사랑으로 시작되면 모든 것이 쉽습니다. 주님이 사셨던 삶의 원리대로 살아버리면 모든 것이 해결됩니다.

이제 인류의 마지막 혁명은 사랑의 혁명입니다. 조용한 사랑의 혁명입니다. 예수 그리스도의 사랑을 전하는 소리 없는 혁명입니다. 소리지르거나 북을 치지 않고도 조용히 번져가는 사랑의 불길입니다. 밟아도 밟아도 오히려 더 생명력이 강해지는 잡초처럼 왕성한 번식력을 가진 것이 사랑입니다. 사랑이 필요 없을 만큼 부요한 사람은 없습니다. 모든 사람은 참사랑에 목말라 합니다. 누구에게나 접근할 수 있는 방법은 사랑입니다. 논쟁할 필요도 없고 다

툴 필요도 없습니다. 그냥 사랑으로 감싸 주고 품어 주고 싸매 버리면 됩니다. 하나님 사랑의 거대한 흡입력으로 모든 것을 포용해 버리면 됩니다. 우리가 가장 많이 사용하면서도 잃어 버린 언어는 사랑입니다.

이번 여행은 저를 깨우는 여행이었습니다. 저에게 사랑의봉사단의 비전을 주신 것을 다시 한번 상고하며 그 깊은 의미를 되뇌었습니다. 상렬 형제의 죽음을 통해 많은 것을 회복시키셨습니다. 저의 받은 바 사명을 새롭게 했습니다. 잠자던 사랑의 열정을 깨워 일으켰습니다. 다시금 사랑의 불길이 솟아오름을 느낍니다. 다시 가슴이 뜨거워지고 있습니다. 비전은 받은 사람이 시행해야 합니다. 시작한 사람이 완성해야 합니다. 이제 더 이상 도망가거나 회피할 수 없습니다. 고통 받는 제3 세계의 영혼들을 그리스도의 이름으로 사랑하는 일은 누구에나 피할 수 없는 일입니다. 어둠과 무지와 상처, 가난과 궁핍과 기아, 육체적 질병과 정신적 상처로 몸부림치는 그들의 필요를 채우는 일은 사랑받은 자들의 마땅히 할 바입니다. 이제 정보화 시대 이후 정신적 공백을 대비해야 합니다. 갈 데까지 다 간

인류의 최후의 선택은 사랑일 수 밖에 없습니다. 모든 역사의 흐름은 하나님의 품이라는 종점을 향해 치닫고 있습니다. 사랑의 혁명 운동은 이미 시작되었고 강권적으로 진행될 것입니다.

이번 일을 통해 깊은 감동을 받았던 것은 상렬 형제의 부모님의 성숙한 신앙입니다. 아들의 죽음을 미화하려들지 않으면서도 하나님께 감사하는 자세로 일관한 것입니다. 20년을 깨끗하게 주님의 사람으로 자랐던 아이, 선교사가 되겠다고 열망하던 아이, 봉사단 후배들의 미숙함과 게으름에 홀로 솔선수범하며 땀흘리며 애쓰다 숨진 아이, 그의 생은 빠마이 공동체의 어린 영혼들을 섬기다 주님께 드려졌습니다. 사랑의 꽃씨로 주님께 드려진 그를 위해 빠마이 현장에 '김상렬 형제 기념관'을 세우려 합니다. 그가 뿌린 사랑의 꽃씨가 계속 열매 맺고, 그 씨앗들이 계속 날려 전세계에 사랑의 꽃이 만발할 것을 기대해 봅니다. 많은 동참을 바랍니다."

김상렬군 어머니의 기도

"그렇습니다. 하나님. 하나님께서 상렬이를 데려가겠다고 하시는데 제가 안 된다고 어떻게 우기겠습니까? 더 이상 우긴다면 당신의 마음이 오히려 아프시겠지요?

어린아이와 같지 않으면 천국에 갈 수 없다고 말씀하시더니, 상렬이의 어린아이처럼 순수하고 착한 마음이 예뻐서 품에 안고 싶으셨나 보군요.

저의 기도 속에 늘 상렬이를 위한 기도가 가장 많았었는데, 그리고 그 아이를 위해 살아온 것 같은데… 갑자기 할 일이 없어진 것 같아요.

그 선한 눈매도, 아이처럼 웃던 얼굴도, 그 멋진 목소리와 사랑스런 모습들도… 가슴 속에 생생히 살아 그리울 뿐입니다.

선천성 심장병으로 생후 7개월된 상렬이를 수술대 위에

올려 놓고, 살려달라고 부르짖던 저희의 기도를 응답하신 하나님. 하나님께서 연장하신 20년의 삶 동안 상렬이로 인해 우리 식구들은 기뻐했고, 행복했고, 또 하나님과 얼마나 친밀해졌는지요!

생각해 보면… 주님의 계획하심이었음을 고백합니다. 주님의 동산 빠마이에서 산족의 어린 영혼들을 섬기게 하시고, 주님이 기뻐하시는 일로 그 아이의 마지막 아름다운 모습을 인도해 주셨군요.

아들의 죽음을 통해 저의 눈도 열어주신 하나님. 산 속 깊이 잃어버린 한 영혼을 찾아 헤매이시는 아버지의 마음을 보게 하시고, 하나님의 귀한 사람들을 만나게 하시고, 아들을 드리는 순종과 감사를 알게 하신 하나님. 함께 했던 봉사단 단원들의 고백처럼 상렬이는 정말 연약한 모습으로 이 땅에 오신 예수님의 모습을 닮아 있는게 아닐까요? 감사합니다. 하나님. 그토록 사랑스런 상렬이를 제게 주신 것과, 아름다운 모습으로 삶을 마무리하게 하심을… 그리고 기대합니다.

이제 그 죽음을 통해 이뤄나가실 하나님의 나라를…"

은혜의 터치와 뒤처리

주님은 뒤처리 담당이시다. 그것도 모든 것을 은혜롭게 처리하신다. 그분의 흔적은 사랑과 진리이다. 그분에게는 우리의 실수까지도 사용하셔서 선을 이루신다. 모든 것이 합력하여 선을 이루게 하신 주님. 일이 꼬여 가는 것에도 문제 해결이 지연되는 것에도 다 그분의 보살핌이 있다. 그분의 사랑은 무조건적이다. 조건이 없는 사랑과 은혜… 뒤처리 담당의 소프트웨어가 아닐까. 항상 벌려 놓은 사역을 마무리하시는 분도 주님이시다. 제대로 된 것 뿐 아니라 잘못 벌려 놓은 사역까지도 아름답게 마무리하신다. 심지어는 나의 실수와 변덕스러움까지도 사용하셔서 위대한 작품으로 나를 빚어 가시는 주님… 내가 포기해버린 것까지, 언젠가 기도하다 망각해버린 것까지 완성시켜 주신다. 이 모든 것이 조건 없이 오직 그분의 은혜로 이루어지는 것이다.

　은혜란 공평한 처사가 아닌 것을 말한다. 필립 얀시는 저서 『놀라운 하나님의 은혜』에서 은혜란 불공평을 전제로 한 말이라고 정의한다. 은혜란 바리새인들처럼 비은혜의 체계 속에서 살고 있는 사람들에겐 이해가 안 되는 것이다. 은혜란 하나님의 무조건적인 사랑을 경험하고 나면 그토록 합리적일 수가 없다. 그러나 하나님을 인격적으로 모르는 사람에게는 은혜는 철저하게 비합리적이다. 율법주의의 경직성을 극복하고 은혜의 날개를 달자. 나를 스스로 억압하고 목을 죄어오는 완전주의의 망령을 극복하자. 주님의 은혜를 체험하고 누릴 뿐 아니라 그 은혜와 사랑을 전달하는 은혜의 통로, 사랑의 전달자로서 살아가자.

　필립 얀시는 또 이 책에서 "은혜란 하나님의 사랑을 더 받기 위해 할 수 있는 일이 아무 것도 없다."는 뜻이라고 했다. "우리 모두는 파격적 은혜를 받은 자이며 은혜란 받는 이에겐 값없는 것이지만 주는 이에게는 전 소유가 들어가는 것"이라고 했다. 그렇다. 은혜란 조건이 없는 것이다. 나는 이 점에서 무지했었다. 그런데 용서란 무조건적이며 은혜란 파격적인 것이라는 사실을 깨닫곤 충격을 받았다. 그토록 외쳐왔던 은혜가 나에게 적용된 것이다. 은혜와 사랑은 무조건적인 것이다. 조건적 사랑과 율법적 태도에 익숙해 있던 나에게는 이 점이 이해가 안 되었던 것이다.

필립 얀시는 현대인에게 파괴적 수치감을 갖고 살도록 만드는 비은혜의 배경을 3가지로 설명하고 있다. 그것은 경쟁을 모토로 하는 '각박한 세속 사회(학교와 군대, 기업)', 율법적 판단과 도덕적 우월성만으로 무장된 '은혜 없는 기독교', 가정을 황폐화시키는 '용납 없는 부모'이다. 그는 이 시대가 끊임없이 비은혜의 체계를 개발하고 있으며 비은혜의 막강한 위력에 아무도 대항하지 못하는 현실을 개탄했다. 나는 특히 은혜 없는 기독교라는 항목에서 거의 충격에 가까운 도전을 받았고 이 책을 통해 은혜의 새로운 지평이 열리게 되었다.

필립 얀시가 체험한 은혜

왜 이 시대는 사랑에 목말라 하는가. 현대는 상처주기 전쟁터와 같다. 상처주기는 좋아하면서도 상처를 싸매 주는 사람은 거의 없다. 서로에게 폭로와 비판으로 스스로를 비하시키며 비인간화의 길을 질주하고 있다. 현대인들의 인격 속에 자기 비하, 자기 학대의 독버섯이 자라고 있다. 문제는 그 독을 퍼뜨린다는 것이다. 은혜의 흔적은 찾을 길이 없다. 용서와 긍휼의 스피릿(spirit)을 발견하기가 쉽지 않다. 그래서 젊은이들은 남녀 간의 사랑에 몰두한다. 그나마 남녀 간의 사랑에는 은혜의 흔적이 남아 있기 때문이다. 나의 본래 모습보다 나를 더욱 매력 있는 사람으로 보아주기 때문에 그들은 사랑에 매달리고 은혜의 그림자에 탐닉하는 것이다. 나 때문에 잠 못 이루는 사람이 있다는 것은 나의 실체에 비추어 파격적인 것이다. 나를 나보다 더 소중히 여기는 사람이 있다는 것은 가슴 부푼 일이 아닐 수 없다. 나를 있는 그대로 받아주는 사람이 있다는 것은 살맛나는 일이다.

문제는 이렇게 사랑했던 사람끼리 '왜 쉽게 헤어지는가' '왜 증오의 대상으로 바뀌는가'이다. 그것은 시간이 갈수록 환상이 깨지며 은혜의 흔적이 사라지기 때문이다. 사랑이 회복되려면 환상을 회복해야 한다. 그 환상은 하나님의 은혜를 경험해야만 가능하다. 더 큰사랑을 경험하고 나면 작은사랑을 회복하게 된다. 병든 인간 관계를 해결하는 유일한 비결은 하나님의 무조건적인 사랑을 체험하는 길이다. 깨어진 사랑을 회복하고 비참한 부부 관계를 회복하는 길은 더 큰사랑을 체험하는 길밖에 없다. 우리의 인격과 삶의 한복판에 은혜의 생수가 터지게 하는 길밖에 없다.

희생만이 미덕인가

대부분의 크리스천 사역자들은 희생적인 삶을 미덕으로 알고 있다. 사명자의 삶이란 으레 희생이 따르는 것으로, '약간 못 살아야 하고 어딘가 아픈 데가 있어야 되는 것'으로 인식되는 경우가 얼마나 허다한가. 겸손과 자기 비하를 혼동하여 마치 자기 비하를 미덕으로 생각하는 경우가 허다하다. 아내와 아이들은 뒷전으로 밀려 희생을 당하는 것이 당연한 것으로 알고 있다. 누림과 절제의 균형을 상실한 채 경직된 절제로만 일관하고 있다. 취미 생활을 하거나 즐거움을 추구하는 삶은 경건과 거리가 멀다고 생각하는 경향이 있다. 자기 자신에게 은혜를 허용하지 않고 스스로 만든 경건의 계율에 속박되어 있다.

작년 초여름이던가. 분당에서 아파트를 전세 내어 살고

있는 우리집이 이사를 가게 되었다. 마침 같은 동네의 전원주택에 비슷한 평수의 전세가 비슷한 가격으로 나와 쉽게 결정할 수 있었다. 문제는 그 집이 너무 좋아 보인다는 점이다. 조이빌리지라는 이름으로 15가정의 크리스천들이 땅을 사서 정원을 공유하며 살고 있는 빌라형 주택이었다. 토요일 아침이면 모든 가족들이 가든에 모여 예배드리고 식사를 같이 하는 아름다운 신앙의 전통을 가진 크리스천 주거 공동체라 더욱 마음이 끌렸다. 좋은 환경에 아름다운 집에 경건한 이웃들. 아내와 아이들은 대찬성이었으나 잠시 "이렇게 좋은 전셋집에 살아도 되나" 하는 고민이 생겼다. 기도하던 중 "주님의 은혜라면 수용하자, 모처럼 가족들과 같이 풍성함의 은혜를 누려보자"는 쪽으로 결정을 했다. 항상 주는 삶(giving life)으로 인해 가족들이 잔잔한 고통과 피해 의식을 가져왔기에 이를 보상하는 차원에서라도 은혜의 누림이 필요했다. 아이들이 한창 자라는 때인지라 가족 간의 행복의 추억과 사랑의 터치가 필요했다. 피해의식이 오래가다 보면 파괴적 결과를 초래할 수도 있음을 나는 잘 알고 있었다.

4년 전 초여름이었던가. 융 프라우에 대한 세 번째 도전의 기회가 있었다. 첫 번째는 독일에서 병원 연수 중, 두 번째는 스위스에 출장 중이었는데 두 번 다 때가 겨울인지라 눈밖에 볼거리가 없었다. 그래서 유럽의 지붕이라는 알프스의 최고봉 융 프라우는 내게 별다른 감흥을 불러일으키지 못했다. 그런데 사랑의봉사단이 주관한 인도 봄베이에서의 사랑의음악회를 마치고 조이오중창단과 같이 인도에 이어 아프리카, 유럽 지역까지 순회 공연과 집회의 기회가 있었던 것이다. 그때 파리 공연에 앞서 잠깐 들렀던 융 프라우는 주님의 창조 세계에 대해 새로운 눈을 뜨게 한 장본인이었다.

인터라켄 역에서 정상까지 올라가는 동안 그 숲의 정경, 굽이굽이 아름다운 계곡과 초원, 형형색색 조화를 이룬 들꽃들, 자연과 조화를 이룬 이쁜 샬레들, 그리고 정상의 만년설… 이는 한 마디로 장엄 그 자체였고 눈물나는 아름다움이었다. 나의 노력과 아무 관계없이 갑자기 주어진 축복이었다. 갑자기 딴 세계가 주어진 것이다. 숨막힐 듯한 축복이었다. 천상의 아름다움을 땅에서 맛보았다고 할까. 은혜는 이렇게 주어진 것이다. 은혜는 그냥 누리면 되는 것이다. 은혜를 누림에 있어 자격지심을 가질 필요가 있을까. 은혜는 그냥 받는 것이지 조작하거나 조절할 수 있는 것이 아니다. 은혜라는 단어를 떠올릴 적마다 주님을 찬양하며 융 프라우를 올랐던 감동을 되새기곤 한다.

은혜는 세계를 변화시킨다

심리학에서 '자아거울 이론'이란 '내 인생에서 내게 가장 중요한 사람이 나를 어떻게 보느냐에 따라 나의 미래는 정말 그대로 된다'는 것이다. 우리는 주님의 은혜를 체험할 때마다 아름다운 존재로 바뀌어져 간다. 은혜를 맛볼 때마다 자아상이 회복되고 존귀한 사람이 되어 간다. 은혜를 거부하지 말라. 주님의 풍성하심을 왜곡시키지 말라.

위대한 개혁이란 없었던 것을 새로 찾는 것이 아니다. 그것은 이미 있는 것을 전혀 다르게 보는 것이다. 나에게도 정녕 위대한 개혁이 일어난 것이다. 성령께서 내 눈을 열어 기존의 세계를 은혜의 안경으로 보는 위대한 변화가 일어난 것이다. 어느 날 눈이 열려 아내의 소중함과 가치를 인식하게 되었고 아이들의 소중함, 사랑의공동체의 소중함, 교회 성도들의 소중함, 피조 세계의 아름다움을 깨닫게 하신 것이다. 항상 나를 짓누르고 있는 것은 "내가 이렇게 잘 해주는데, 내가 이렇게 희생하는데 나에게 이럴 수 있는가" 하는 빚쟁이 의식이었다. 내가 사역에 헌신하는 만큼 피해 의식도 가지게 되었다. 그런데 은혜의 관계, 감사의 시각으로 전환하고 나니 실제로 바뀐 것은 없는데 모든 것이 다 바뀌어 버린 것을 깨닫는다. 은혜는 세계를 변화시킨다. 진정한 변화는 은혜가 나의 인격 속에, 언어 속에, 삶 속에, 관계 안에 녹아 들어가는 것이다. 먼저 은혜를 누리자. 주님의 은혜를 은혜되게 하자.

"
내가 여호와의 집에
영원히 거하리로다
"

나그네의 궁극적 비전은 본향으로 돌아가는 것이다. 타향살이의 설움을 겪어본 사람의 마음은 항상 집으로 향해 있다. 고아의 숨겨진 열망은 부모를 찾는 것이고 따뜻한 가정의 품으로 돌아가는 것이다. 전쟁터에 내던져진 병사의 마음을 사로잡는 것은 사랑하는 아내가 기다리는 가정이다. 인간은 누구에게나 영원을 사모하는 마음이 있다. 그토록 이 땅에 무언가를 남기려고 애쓰는 것도 인생의 허무를 초월한 그 무엇을 추구하기 때문이리라. 인간의 모든 고통은 '영원한 본향'을 상실한 데서 온다. 탕자의 모든 문제는 아버지 집을 떠나면서부터 생겼다. 인간 존재의 가장 비참한 모습은 마지막 순간에 갈 데가 없어 영원토록 방황하는 것이다.

내과 병동의 절규

인턴 시절 서울대 병원에 근무할 당시 내과 병동인 82병동에서 있었던 일이다. 내가 담당한 환자 중에 간경화 환자가 있었는데 심하게 복수가 차고 가끔 간성 혼수에 빠져 절망적인 상태였다. 나와 비슷한 나이의 그를 노인으로 착각할 정도로 노화 현상도 병행되고 있어서 특별히 기억에 남는 환자이다. 결국 간성 혼수가 진행되어 그 고통으로 인해 그는 날마다 병동이 떠나갈 듯한 괴상한 소리를 질러댔다. 고통과 흐느낌이 섞여 있는 소리였는데 때로는 분노를, 때로는 처절한 상처와 한을, 때로는 극심한 고독과 상실감을 표현하는 듯 싶었다. 그 소름끼치는 외침이 나에게는 "이제 내가 세상을 하직할 때가 되었는데 돌아갈 영혼의 고향이 없구나"라는 부르짖음으로 들렸다. 사실 버림받음의 감정은 그 자체가 지옥이다. 나는 그 환자의 육체적, 정신적 고통을 보면서 어떤 대가를 치르더라도 불신자에게 '영원한 본향 찾아주기' 운동을 벌이겠다는 열망이 솟구쳤다. 왜 예수님이 인간을 위해 그처럼 처절하게 십자가의 고통과 죽음을 치르셨는지 실감나는 경험이었다.

5년 전 일이다. 아내가 2년 동안 영국 유학을 간 적이 있었다. 그 때 빈집에 오면 참기 어려운 허전함이 있었다. 꽉 짜인 스케줄과 주님의 위로가 아니었다면 견디기 어려웠을 것이다. 아내 없는 가정은 썰렁하기 그지없었다. 가끔 극장가를 누비며 영화를 보고 늦게 귀가하는 일도 있었다. 누가 반겨주어야 집으로 가지… 고향에 가면 부모님이 반겨주시는 기쁨이 있다. 집에는 주인이 있어야 한다. 영원한 본향은 주님 계신 곳이다. 영원한 본향은 장소의 개념이 아니라 관계의 개념이다. 주님이 계신 곳이 천국이요 새 하늘과 새 땅이다. 영생의 개념도 시간적 개념이 아니라 관계적 개념이다. "영생은 곧 유일하신 참 하나님과 그의 보내신 자 예수 그리스도를 아는 것(요17:3)"이라는 말씀을 기억하자. 주님의 집은 은혜가 있는 곳이다. 이른바 주님의 통치가 이루어지고 있는 곳이다. 내 주 예수 모신 곳이 그 어디나 하늘나라다. 좋아하는 사람, 사랑하는 사람과 함께 있으면 행복하다. 사랑이 넘치는 곳이면 환경과 관계없이 기분이 좋아진다. 은혜가 넘치는 곳이 가장 편한 곳이다.

최고의 비전 예수 그리스도

크리스천의 최고의 비전은 예수 그리스도이다. 전도의 열정에 푹 빠진 대학 시절 국제 CCC의 창설자인 빌 브라잇 박사를 만나 대담을 나눈 적이 있었다. 그때 그분은 자신의 비전은 예수 그리스도라고 했다. 예수 그리스도를 믿는 것은 신자들의 기본인데 그것이 왜 비전이 될 수 있을까. 당시엔 이해가 쉽지 않았는데 이제는 그 말이 가슴에 와 닿는다. 주님을 알면 알수록 주님을 사랑하게 된다. 주님을 사랑하면 사랑할수록 주님을 닮고 싶어진다. 주님을 사랑하고 주님을 닮아 가면 자연히 주님을 만나고 싶어진다. 그리고 주님과 더불어 영원히 살고자 하는 열망이 생기게 된다. 주님을 인격적으로 알고 사랑의 관계를 맺고 싱싱한 삶을 사는 사람이면 누구나 주님의 다시 오심을 열망하게 되어 있다.

주님을 사모하는 열망이 없다면 그것은 심각한 것이다. 영적으로 중환자에 해당된다. 이는 주님과의 관계에서 행복과 감격을 누려보지 못했거나 이 세상 것에 집착이 심한 경우이다. 그 치유책은 '내가 먼저 행복을 누리도록 해달라'고 주님의 사랑과 은혜를 갈망해야 한다. 은혜를 받을수록, 주님이 어떤 분인가를 체험할수록 주님을 사랑하게 되고 주님에 대해 더욱 알고 싶어진다. 병든 내면세계를 가진 사람은 이 세상에 집착하게 된다. 상처와 한, 맺힌 것이 있으면 그 문제가 풀릴 때까지 세상을 포기하지 못한다. 돈이나 명예, 출세와 성공 등을 누리지 못한 사람은 우선 순위를 주님께 둘 수 없다. 이 경우 우리의 연약함을 주님께 솔직히 아뢰고 먼저 이 문제로부터 자유하도록 은혜를 간구해야 한다. 주님을 사랑하면 닮기를 열망하게 된다. 누구든 사랑하는 사람을 닮게 되어 있다. 은혜의 최종적 열매는 주님을 닮아 가는 것이요 같이 살기를 열망하는 것이다.

나는 크리스천 암 환자를 만날 때마다 절대 신앙을 강조한다. 암 자체보다 암을 두려워하는 마음 때문에 투병 의

지가 없어지고 결과적으로 면역 체계가 무너진다. 차라리 암에 대해 몰랐으면 서서히 자라거나 성장이 정지될 수도 있었는데 오히려 암에 대해 알고 나서 더 상태가 나빠지는 것을 많이 본다. 걱정거리보다 염려 그 자체가 문제를 일으킨다. 암을 보지 말고 주님만 바라보라! 암 환자를 대상으로 세미나를 할 때면 "죽으면 천국이요 살면 사명을 위해 산다"는 확고한 믿음을 가지라고 외친다. 오직 주님을 바라볼 때만 죽음을 초월할 수 있고 두려움으로부터 자유롭게 된다.

아무도 5분 후의 일을 알지 못한다. 오직 주님이 허락하신 시간 만큼 살 수 있다. 암 환자들은 우리의 생명이 오직 주님의 처분에 달려 있다는 사실을 더 절감하고 있기에 종말론적 신앙을 갖기에 유리하다. 종말론적 신앙이란 '주님이 다시 오시든지 내가 주님께 가든지 항상 그 창조적 긴장과 시간적 긴박함 속에 온전한 삶을 사는 것'을 의미한다. 오직 주님만 바라볼 수밖에 없는 상황으로 몰고 가시는 주님을 찬양하라. 암 환자의 경우 어떻게든 살아서 남은 생을 주를 위해 헌신하는 것이 최선이다. 사실 사명이 있는 사람은 잘 죽지 않는다. 그러나 최악의 경우라도 종착역은 천국이 아닌가. 주님을 신뢰하라. 나를 위해 가장 좋은 것을 예비하시는 그분의 지혜를 신뢰하라. 곧 주님을 만날 날이 가까이 온다는 것은 축복이 아닐 수 없다. 그래서 나는 그들에게 절대 신앙을 강조한다. 이러한 확고부동한 믿음을 가진 분들에게 완치의 기적이 많이 일어난다.

순태의 천국 증언

나야 가장 고통받는 암 환자를 보면서 은혜를 제일 많이 받은 사람일 수 밖에 없다. 그 중에서도 나는 18살 소년 순태를 잊지 못한다. 그 소년은 내가 의대 교수로 재직할 때 우리집을 찾아왔다. 그는 '골육종'이라는 병으로 수술을 하고 방사선 치료와 항암 치료를 받았다. 이 병은 우리 나라 중고등 학생에게 가장 많이 발생하는 암으로 배에 생기는 암이다. 배에 생기는 만큼 그 고통은 말로 표현할 수 없을 정도다. 아직 재발된 것 같지는 않았는데 그 소년의 면역 상태를 측정해보니 제로였다. 나는 지금까지 수많은 암 환자를 보아왔지만 면역 상태가 그렇게 나쁜 케이스를 본 적이 없었다. 재발이 임박했다는 신호였다. 아니나 다를까. 한 달이 못되어 재발했는데 온 배에 암이 퍼졌고 엑스레이 상에선 폐가 양쪽 모두 하얗게 나올 정도로 다른 부위에도

전이되었다. 참으로 절망적인 상황이었다.

나는 암 환자를 보면서 가급적이면 부정적인 이야기를 피한다. 어떤 상황 속에서도 희망을 불어넣는다. 생명의 주관자는 하나님이시기 때문이다. 기적이 불신자에겐 기적이지만 하나님의 자녀에게는 상식이 되는 경우가 많기 때문이다. 의사들이 '몇 달밖에 안 남았다'는 식으로 사형 선고를 내리며 하나님의 영역인 생명에 대해 가볍게 언급하는 것은 잘못된 일이다. 그런데 순태의 경우는 어쩔 수가 없었다. 당시 나는 사랑의봉사단 제2기를 이끌고 인도, 아프리카를 한 달 동안 다녀와야 하는데 아무리 생각해도 다시 볼 수 있을 것 같지 않았다. 그래서 순태가 입원하고 있는 서울대 병원을 찾아갔다.

당시 그 부모님들은 집사님들이었는데 신앙이 흔들리고 있었다. 어떻게 "사랑의 하나님이 우리 아들에게 이렇게 큰 고통을 주시는가" 하며. 그래서 모든 가족들을 다 내보냈다. 그리고는 아이에게 구원의 확신을 시켰다. "하나님이 너를 사랑하신다는 사실을 믿느냐"고 했더니 고개를 끄덕였다. "예수 그리스도께서 너를 위해 죽으시고 부활하셔서 그를 영접하는 자에게 하나님의 자녀가 되는 권세를 주신다."고 했더니 역시 동의했다. 그리고 자신은 예수 그리스도를 영접했고 자녀가 되었음을 믿는다고 했다. "지금 죽으면 어떻게 되냐?"고 물었더니 "천국 간다."고 또렷하게 대답했다. "확실하냐?"고 물었더니 "확실하다."고 대답했다. 그래서 "앞으로 내가 한 달 동안 아프리카를 다녀와야 되는데 아무리 생각해도 너를 다시 못 볼 것 같다."고 하면서 간절하게 그 아이를 위해 기도했다. 그리고 "천국에서 다시 만나자."고 굳게 악수를 하고 병실을 나왔다. 그것이 그 아이와의 마지막이 되었다.

아프리카를 다녀온 며칠 후 순태 아버지로부터 집으로 전화가 걸려왔다. 의외로 밝은 목소리였다. 그 내용은 참으로 놀랍고 충격적이었다. "선생님 순태가 천국 갔어요." 어찌나 확신에 차있던지 "어떻게 그렇게 확신하십니까?"라고 되물었더니 자초지종을 이야기했다. 가족들과 친구들이 임종을 지켜보는 마지막 순간이었다고 한다. 고통이 얼마나 처절한지 몰핀 주사를 계속 맞는데도 고통이 전혀 감소되지 않았다고 한다. 그런데 마지막 순간에 놀라운 일이 생긴 것이다. 분명히 죽었던 애가 한참 후에 다시 살아나더라는 것이었다. 천사와 같이 밝은 얼굴로 깨어나더니 "엄마 아빠 천국이 너무너무 좋아요. 주님과 함께 있는 것이 너무너무 좋아요. 이렇게 좋은 곳에 내가 먼저 가니 두 분은 신앙생활 잘하고 꼭 오세요."라고 간곡히 부탁하고서 다시 의식을 잃었다고 한다. 그러더니 한참 후에 다시 천사와 같은 얼굴로 깨어나서 친구들에게 일일이 살아 계신 하나님과 천국을 증언하고 천국으로 갔다고 했다.

나는 집회를 할 때마다 이 소년의 마지막을 증언한다. 천국은 주님이 마련하신 우리를 위한 처소이다. 꿈에도 그리던 우리 주님이 계신 곳이다. 천국이 이렇게 좋다면 빨리 갈수록 좋을 것이다. 만약 우리가 자신만을 위해 산다고 하면 '빨리 천국가는 것'이 최고의 축복이다. 가보면 안다. "이렇게 좋은데 내가 세상에 연연했었구나."를 깨달을 것이다. 내가 살아 있다는 것은 사명 때문에 있는 것이다. 반드시 해야 할 일이 있기에 생명을 유지시켜 주신 것이다. 그토록 좋은 곳, 우리 주님이 계신 곳에 가고자 하는 열망이 전혀 없다면 죽은 신앙이다.

기독교는 종교가 아니다. 서양 종교도 아니고 동양 종교도 아니다. 기독교는 진리이다. 성경은 절대 진리요 절대 사실이다. 순태의 증언은 세뇌 교육이나 이데올로기에서 나온 것일 수가 없다. 사람은 죽을 때에 정직한 법이다. 사실을 사실대로 말하고 간 것이다. 실제로 천국을 체험했기에, 실제로 살아 계신 주님을 만났기에 사실을 사실대로 증언한 것이다. 주님이 다시 오신다는 것은 명백한 사실이다. 주님의 재림을 사모하는 것은 성도의 특권이다. 주님을 만나기를 열망하는 것은 성숙한 신앙의 자연스런 귀결이다. 이 험한 세상에서 말씀대로 살고자 몸부림치는 사명자의 열망이다.

죽는 것도 유익함이라

사도 바울은 그의 인생관이나 다름이 없는 빌립보서에서 "살든지 죽든지 내 몸에서 그리스도가 존귀히 되게 하려 하나니 이는 내게 사는 것이 그리스도니 죽는 것도 유익함이니라… 내가 그 두 사이에 끼었으니 떠나서 그리스도와 함께 있을 욕망을 가진 이것이 더욱 좋으나 그러나 내가 육신에 거하는 것이 너희를 위하여 더 유익하리라."고 증언했다. 이미 셋째 하늘을 체험한 적이 있는 사도 바울은 그곳이 얼마나 좋던지 '그리스도와 함께 있을 욕망'에 대해 언급한다. 주님을 사모하는 마음, 주님과 함께 있고 싶은 열망이 얼마나 강렬한가. 그러므로 나를 위해서는 천국 가는 것이 유익하지만 너희를 위해서는 내가 살아 있는 것이 유익하다고 증언하고 있다. 즉 다른 사람을 위해 존재하는 삶, 자신은 오직 성도들의 유익을 위해 존재한다고 했다. 그렇다. 주님께 자신을 드린 사람은 이제 다시는 나만을 위해 살지 않는다. 내가 살아있음은 오직 사명이 있음에, 섬길 대상이 있음에 의미를 둘 뿐이다.

하나님의 사람은 본질적인 것에 목숨을 거는 사람이다. 오직 하나의 대안만을 가진 사람이다. 사람으로부터, 상황으로부터 자유로운 사람이다. 오직 주님에 대한 기쁨으로 자신을 열 수 있는 사람, 이웃에 대해 확 열려진 사람이다. 그들은 더 이상 자아에 집착하지 않는다. 최소한 자신만을 위해 살지 않기로 작정한 사람들이다. 법궤 앞에 덩실덩실 춤을 추는 다윗처럼 단순하게 주님만 바라보고 즐거워하는 사람들… 하나님의 사람들은 다 단순한 사람들이다. 어떠한 상황에서도 하나님만 신뢰하는 사람, 방황할 시간이 없는 사람, 슬럼프에 빠질 여유가 없는 사람들이다. 남을 의식할 겨를이 없는 사람들이다. 천국이 분명할수록 의의 길을 가자. 우리에게 주실 생명의 면류관을 바라보고 내게 주신 사명과 비전을 위해 달려 가자. 모든 짐을 주님의 품에 던져 버리고.

관계의 전문가가 되라

타인을 위해 존재하는 삶. 섬기는 삶의 아름다움. 사도 바울은 관계의 전문가였다. 꼭 있어야 할 사람, 정말로 중요한 사람이었다. 관계의 전문가가 되라. 성공한 사람보다는 중요한 사람이 되라. '관계의 전문가'가 되는 것이야말로 가장 부가가치가 높은 삶을 사는 것이다. 주님을 사랑하게 되면 삶의 모든 영역에서 사랑의 거인이 되어 가게 마련이다. 주님과의 관계가 바르게 정립되면 다른 관계에도 대가가 된다. 나도 주님을 바로 알고 나서 형제 사랑에 눈뜨기 시작했다. 신앙 공동체의 지체들이 그렇게 소중할 수가 없었다. 정말 사랑스러운 형제 자매들… 목숨을 걸고 사랑하고픈 사람들… 그리고 시간이 지나자 내면의 상처가 치유되면서 불신자들이 눈에 들어오기 시작했다. 그들의 고통과 필요가 눈에 뜨이기 시작했다. 진정한 이웃 사랑이 시작된 것이다. 그들이 사랑스럽게 느껴지기 시작한 것이다. 드디어 불신자 전도에 눈이 떠지고 영혼 구원의 광대한 문이 열리기 시작한 것이다.

전에는 미국이나 구라파에 가면 주눅이 들었다. 인종 차별을 받는 것이 아닌데도 괜한 열등감이 생기곤 했다. 물론 언어 문제가 크긴 하나 문화적 열등감도 적잖이 작용하는 것같았다. 그런데 언제부턴가 미국을 가도 주눅이 들지 않았다. 그들의 영혼이 보이기 시작한 것이다. 정말 감사한 일이다. 아무리 훌륭한 정신 문화 속에 살아도 그 안에 주님이 안 계시면 우주의 고아가 아닌가. 불쌍한 마음이 들면서 오히려 그들이 사랑스러워진 것이다. 성령의 사람은 어디를 가나 당당한 법이다. 복음의 본질을 깨닫고 내면의 치유가 이루어지면 불신자들이 보이기 시작한다. 그들의 외적 포장에 관계없이 모두가 불쌍한 사람, 사랑의 대상이 된다. 주님이 어떤 분인가를 체험할수록 복음을 전하지 않고는 견디지 못한다. 전도를 잘 하는 비결은 나의 인격이 치유되는 것이다. 그리고 치유의 비결은 주님을 깊이 알아가는 것이다.

신부의 열망은 오직 신랑

처음 전인 치유 사역을 시작했을 때는 치유 자체에 초점을 맞출 수밖에 없었다. 그러다 보니 일시적인 프로그램으로 끝나는 경우가 많았다. 문제 해결의 핵심은 치유 자체가 아닌 치유자이신 주님께 초점을 맞추는 것이라는 사실을 깨닫게 되었다. 치유의 목표는 주님을 사랑하는 것이다. 문제에 집착하지 말고 주님 자신에게 몰입하라. 주님의 형상대로 창조함을 받았으나 망가지고 깨어진 인간의 현주소. 그런 우리가 주님을 바라볼수록 치유되는 것은 당연한 일이 아닌가. 해바라기가 태양을 향해 있으면 절로 피어나듯 주님을 바라볼수록 치유가 가속화된다. 놀라운 사실은 그럴수록 주님을 닮아간다는 것이다. 그러므로 전인 치유의 최종적 열매는 주님을 닮아 가는 '거룩함'이다. 주님은 단순히 문제만 치유하실 뿐 아니라 우리의 전인격을 온전케 하신다. 이른바 주님은 전인 치유를 열망하신다. 온전한 신부로서 준비되기를 열망하신다.

나는 대학 시절 주님을 사모하는 마음이 지나친 탓인지 내가 신부가 되어 신랑이신 주님을 그리워하는 꿈을 꾼 적이 있었다. 그때는 정말 꿈에 불과했지만 이제는 점점 실체화되어 감을 느낀다. 크리스천의 삶에는 두 종류가 있다. 주님 오심을 사모하는 삶과 혹시 오늘 오면 어쩌나 하는 두려움의 삶이다. 내가 아는 어느 장로님의 좌우명은 '혹시 오늘'이었다. 혹시 오늘 주님이 오시더라도 부끄러움이 없는 삶을 사신 분이었음에 틀림없다. 혹시 오늘 주님이 오신다면 얼마나 감격스러울까. 혹시 오늘 내가 주님께 간다면. 혹시 오늘 주님을 만난다면. 그 감격과 기대 가운데 살자. 주를 위해 살다가 주를 위해 죽는 것이 최고의 축복이다. 죽든지 살든지 예수 그리스도의 비전을 품고 가슴 설레는 하루를 살자. 내가 여호와의 집에 영원히 거하리라는 확고부동한 소망을 안고 이 땅에서 천국 삶을 누리다가 천국가는 축복을 누리자. 이 땅에 소망을 두지 말고 새 하늘과 새 땅에 소망을 두고 더욱 진하게 현실을 살아가자.

　새 하늘과 새 땅은 주님이 통치하시는 곳이다. 주님의 나라이다. 그 주체는 주님이시다. 나는 성삼위 하나님을 주님이라고 부른다. 하나님, 예수님, 성령님. 이 세 분은 이론적으로 이해되지 않는다. 그냥 경험될 뿐이다. 그래서 가장 편한 이름인 주님이라고 부르기로 했다. 주님은 내게 너무 좋은 분이다. 물론 세 분 주님의 이름이 부각되는 시기는 각각 달랐다. 대학 시절엔 예수 그리스도 그분에게 매료되었다. 신학 공부하던 시절과 라브리 운동에 매료되었던 시절에는 하나님께 몰두했었다. 그런데 사역의 본질을 깨달은 지금은 성령님이 너무 좋다.

　우리는 삼중으로 주님의 것이다. 우리의 창조주이시며 구속주이시며 인도자 되신 주님… 나는 만든 사람의 것이다. 그리고 돈을 주고 산 사람의 것이다. 그리고 나를 인도하시는 분의 것이다. 소유권을 디자인하신 분은 하나님, 실제화시키신 분은 예수님, 개별화시키신 분은 성령님이시다. 나는 주님의 것이기에 평범한 삶을 살 수 없다. 주님은 자기 이름을 위해서라도 우리를 최고의 삶으로 인도하신다. 정말 경이로운 일이다. 시간이 갈수록 나의 작은 야망을 버리고 주님의 비전에 관심을 갖게 된다. 안정과 평안한 삶보다는 성숙과 성장, 변화와 모험, 그리고 열매 맺는 삶에 초점이 모아진다. 주님을 깊이 알아 갈수록 주님의 인도하심을 더욱 열망하게 된다. 오직 주님을 바라보게 된다. 그리고 주님만을 사랑하게 된다. 사랑의 비밀을 깨닫게 된다.

은혜의 체질화, 행복의 내면화

이렇듯 성삼위 하나님, 세 분 주님이 점점 경험되어 지고 이해되어 진다.

그리고 나의 삶의 현장에서 성삼위 하나님의 이름이 점점 권능으로 내게 다가온다.

그냥 불렀던 이름이 점점 내면화되고 체질화되어 간다.

신앙생활이란 은혜의 체질화 작업, 행복의 내면화 작업이 아닐까.

시간이 지날수록 더욱 좋아지는 분. 주님. 주님 사모합니다.

시편 23편은 인간의 언어로 쓴 최고의 신앙 고백이다.

더 이상 비교할 글이 없다.

나는 이 시편을 읊다가 주께로 가고 싶다.

오직 주님과 영원한 본향을 사모하는 마음으로 남은 생을 살고 싶다.

"오 주님! 주님을 사랑합니다. 더욱 사랑하길 원합니다. 더욱 닮아가길 원합니다. 하나 되기 원합니다. 뵙기를 열망합니다. 아멘 주 예수여 오시옵소서."

황성주 박사의 전인 치유
시편 23편

개정판 1쇄 발행 / 2024년 4월 15일
　　　2쇄 발행 / 2024년 5월 1일

지은이 / 황성주
펴낸이 / 황학주
펴낸곳 / 발견
디자인 / (주)시아울
주소 / 강원도 횡성군 둔내면 우용로 97번길 44 해밀리 512동
e-mail / balgyeonbook@naver.com

ⓒ 황성주 2024
ISBN : 978-89-6879-076-8 (03230)

- 잘못된 책은 구입한 서점에서 바꿔드립니다.
- 책값은 뒤표지에 있습니다.
- 이 책의 판권은 저자와 발견에 있습니다.
- 이 책 내용의 전부 또는 일부를 재사용하려면 반드시 지은이와 발견의 서면 동의를 받아야 합니다.